元騎手 藤田伸二

“生涯、やんちゃ主義”

藤田伸二

財界さっぽろ

はじめに

今年も夏競馬の季節がやってきました。涼しい北海道は馬や騎手にとっても天国でした。小倉や福島などとは違い、なんといっても馬上で感じる風が心地いい。毎年のように函館、札幌に滞在し、仲間と切磋琢磨し、リーディングを争っていたのを思い出します。

「これが最後だ……」

4年前の俺は、そんな気持ちで北海道シリーズに臨んでいました。

札幌開催最終週の２０１５年９月６日。ラストとなった第７レースの騎乗を終え、そのまま競馬場内検量室の裁決ルームに向かいました。俺は因縁の裁決委員に「やめたるわ」と吐き捨て、騎手の免許証と引退届を机にたたきつけました。

実にあっけなく、25年間の騎手生活にピリオドを打ちました。競馬界に未練はありませんでした。ただ、心残りは応援してくれたファンに感謝の意を伝えられなかったこと。言わずもがな、俺を含めて競馬村の人間がメシを食えるのは、馬券を買ってくれるファンの人たちがいるからです。

「これまでの恩返しがしたい」――引退してすぐ、札幌・ススキノに「バーファヴォリ」をオープンさせました。ファンとの交流の場にもなり、いまも楽しい時間を過ごさせてもらっています。

２０１６年の夏、月刊誌『財界さっぽろ』編集長の前田圭祐さんが突然、店にやってきました。

「引退してちょうど1年。うちで連載をやりませんか？」

元騎手 藤田伸二 〝生涯、やんちゃ主義〟

俺は日高管内新冠町の生まれ。北海道が大好きだし、なんらかの形で地元に貢献したいと考えていました。そんなとき、地元の月刊誌から声をかけてもらえて本当にうれしかった。

タイトルは「元騎手 藤田伸二〝生涯、やんちゃ主義〟」

連載は2016年9月号から始まりました。パソコンなどは使わず、自らペンを走らせ原稿用紙に綴ってきました。昨今の競馬界の話題、故郷のこと、交遊関係や近況まで、内容は多岐にわたりました。

引退してもうすぐ4年になります。騎手は命がけの仕事で、落馬は避けては通れません。俺も何度も骨折しましたが、ケガから復帰したときに恐怖心はありませんでした。

それは騎手を生業にした瞬間から〝覚悟〟していたからです。俺以外の騎手もみんな同じ気持ちで、レースに臨んでいると思います。

騎手を引退したとき、一番安堵してくれたのは家族でした。俺は今、五体満足で毎日を送っています。そのことへの感謝の気持ちが、日に日に大きくなっている気がします。

俺は古風な人間かもしれません。人から誤解されることも多々あります。でも、レースと同じように真っすぐ正直に、覚悟を持って生きてきました。それはこれからも変わりません。

この本には、ありままの現在の「藤田伸二」がいます。引退後、なにを考えて過ごしてきたのか。本書を通じて全国の人たちに伝われば、こんなにうれしいことはありません。

藤田 伸二

次

次

6

特別対談1

武論尊

漫画原作者

藤田　（キラキラした目でコミック本に囲まれた部屋を見わたし）いやー、先生の仕事場に初めておじゃましましたけど、ホント〝お宝〟だらけですね。

武論尊　もう長いからね。40年も漫画の原作者をやっていれば、これくらいになりますよ。

――漫画原作者と騎手、年齢差も25歳くらいあって、住む世界も世代も違うお二人ですが、かなり昔から親交があるそうですね。

武論尊　そもそもの出会いは、伸二が二十歳くらいのときかな。当時、現役騎手だった田原成貴の紹介で、函館で飯を食ったのが最初だと思う。田原は、落馬事故で騎手生命を絶たれた福永洋一に代わる「天才騎手」と謳われた男で、のちに漫画の原作

に歩んだ少年時代

を書いたりもしている奴なんです。

――そのとき、武論尊さんは45歳くらいだったんですかね。

武論尊　そんな計算かな。

藤田　僕は19歳でビューして、その年に

（ぶろんそん）1947年、長野県佐久市生まれ。本名、岡村善行。中学卒業後、自衛隊入隊。7年間在職し除隊。自衛隊同期の漫画家・本宮ひろ志のアシスタントを経て、1972年『週刊少年ジャンプ』（集英社）掲載の『五郎君登場』（作画：ハセベ陽）で漫画原作者としてデビュー。1975年、平松伸二と組んだ『ドーベルマン刑事』（週刊少年ジャンプ）がヒット。人気原作者の仲間入りを果たす。1983年『北斗の拳』（同）の原作を担当。累計発行部数全世界 1億部突破という大ヒット作となる。1990年、池上遼一と組み『ビッグコミックスペリオール』（小学館）に『サンクチュアリ』を連載。以降、池上漫画の原作を多く手掛ける。

39勝をあげて最多勝利新人騎手賞をとりました。翌年のエリザベス女王杯に勝って、そのあとくらいから成貴さんに目をかけてもらうようになったんです。

――武論尊さんは函館での会食前から、藤田さんの名前は知ってたんですか。

武論尊　もちろん、知っていたよ。俺は自衛隊時代から馬券を買っているからさ。16歳で自衛隊に入って、18歳のときには競馬、競輪、競艇、オートレース、全部やっていた。その後、自衛隊は23歳でやめるんだけど、ギャンブルは続けていてね。中でも好きだったのが競馬。当然、競馬新聞は読んでたし、常に競馬界の動向にもアンテナを張っていた。そうすりゃ「この新人、誰だ？」ってなるわけ。やっぱり勝てるジョッキーには興味を持つ。とくに伸二の場合、同期の誰よりも乗れていたからね。

藤田　当時、騎手業界の中には「田原一家」みたいのがあって、成貴さんがかわいがってくれている若手騎手の中に僕もいた。そのときに、武論尊先生を紹介してもらったんです。

『北斗の拳』と一緒

――藤田さんは、武論尊さんのことは。

藤田　当然、知ってましたよ。週刊少年ジャンプで『北斗の拳』の連載が始まったのが、僕が小6くらいのとき。以来、大ファンでしたから。子どもながらに199X年の設定とか、あの迫力満点の画とか、もう衝撃でしたよ。夢中になって読んでました。北斗の拳の連載期間は5年くらいでしたよね。僕なんか、まさに少年時代を先生の作品とともに過ごしてきた〝北斗の拳世代〟ですよ。

12 逆走した函館の夜

武論尊　たしかに当時は、ラブコメが全盛の時代だったからね。

藤田　そんな時代に「お前はもう死んでいる」って人が爆発しちゃうんだから。

――憧れの人との初対面は。

藤田　成貴さんも「ここにいるのは武論尊だけど、今日は岡村善行だから」とか言うんだけど、そんなことにはならない。とにかく興奮して、もういいってくらい、北斗の拳に関して質問攻めにしていた記憶があるなぁ。

武論尊　あのときは伸二のほかにも横山典弘とか四位洋文とか4、5人いたんじゃないかな。まあ楽しい酒でしたよ。

――初対面でかなり盛り上がった。

藤田　先生とは親子くらいの年齢差があるんですが、成貴さんと僕ともひと回りくらい年が違うんです。でも成貴さんは、この場はみんなフラットだと。説教じみたことを言うわけでもなく、みんなざっくばらんに楽しめる。成貴さんって、そんな雰囲気を自然とつくってくれる人でしたよね。

武論尊　でも、やっぱり伸二はやんちゃな奴でさ（笑）。二十歳くらいのときにもうベンツを乗り回してるの。その夜も、酔っ払い運転で函館のまちの一方通行を逆走してた。まあ、助手席には俺が乗ってたんだけどね。

藤田　そうでしたね（苦笑）。当時は取り締まりも緩かったから。先生は「お前も悪いやっちゃなあ」くらいの感じで、やんちゃ坊主の僕を鷹揚に受け入れてくれた。

武論尊　でも楽しかったよ。伸二の年代はみんな馬に乗れてた。出会った頃の伸二は本当にただのやんちゃなジョッキーだったんだけど、次第に成績を上げてくるんだ。だから次に会うのが楽しみになる。こっちもあまり乗れない奴とつき合っても面白くないからさ。

藤田　僕も四位もそうなんだけど、先生にかわいがってもらっていた騎手たちは、みんなそれなりの成績をおさめているんで

藤田さんの活躍を新人時代から注目していたという武論尊さん

ベンツで一方通行を

す。僕なんかも先生から「こいつが騎手の藤田伸二だ」と紹介してもらえるくらいの人間にならないとダメだと思っていた。だから先生と会っても恥ずかしくないような成績を残すよう頑張った。それが恩返しだと思っていたんで。

武論尊　こっちは東京で彼は関西だから、会うといっても年に1、2回あるかどうか。ただ、俺は夏に北海道に遊びに行くので、そのときに伸二たちとゴルフをしたり酒を飲んだりすることが多かったかな。

藤田　僕は、一方的に先生になついていた感じがするんですけど。

武論尊　そうでもないよ。なんだろうな……。やっぱり共通項があるというか、俺も伸二も本当に地べたから這い上がるしかない子ども時代を過ごしている。伸二は北

海道の片田舎、俺は長野のクソ田舎の極貧の百姓の子だからね。そこにいたら上がれるわけがない。自分で抜け出すしかないわけだから、そりゃあハングリーだし、ちょっとやそっとのことじゃへこたれない。ジョッキーになったってエリートと非エリートみたいな区分けがあって、スタート時点ですでに格差があったりする。どんな理不尽な環境でも「今に見ていろ！」という反骨心がふつふつと沸き上がる。そのへんが多分、同じなんですよ。だからつき合っているジョッキーの中でも話しやすいという

でも一番面白い男

か、一番面白いんだろうな。そもそも年間100勝するような騎手が、毎回フェアプレー賞をもらうんだから、これもいい。普通100勝するためには、汚い勝ち方もないと、そんな数字にはならない。でも伸二はずーっとフェアプレー賞を取るわけ。結局、何回取ったんだっけ。

藤田　現役生活24年のうち19回。もちろん歴代1位です。そもそもフェアプレー賞というのは、年間30勝以上で制裁点数が10点以下の騎手しか対象にならない。

武論尊　世間には「藤田伸二はタトゥーも入れてるし、素行も悪いし」みたいなイメージがあるわけ。だけどフェアプレー賞の受賞回数を見てもわかるように、見た目とは違って、ものすごくきちんとしている。それがいい。当然、勝負の世界だから勝た

14

ジョッキーの中

なければならない。多少、汚い手を使っても勝とうとするのが、ある意味、当たり前の世界だよ。そんな中で、フェアに乗るというのがどれくらい難しいか。俺がジョッキーだったら、横の奴に目つぶしを入れてるね（笑）

藤田　僕だって、そうしたいと思ったことは山ほどありましたよ（笑）

武論尊　何年前だったか、伸二が本を出したじゃない。同じ時期に俺のエッセイ本が出てるんだけど、負けた。伸二のほうが断然売れてた。めっちゃ悔しかった。おいおい、伸二に負けたぞって（笑）

藤田　なんのときですか。

武論尊　競馬界のことを暴露した本。

藤田　『騎手の一分』ですか。

武論尊　そうそう。あれと同じ時期に俺も出したんだよ。

藤田　じゃあ２０１３年ですね。

武論尊　まったく売れ筋が違っていて「この野郎！」と思ったもの。本職の物書きが騎手に負けけんのかよって。

藤田　『騎手の一分』は19万部売れた。

武論尊　俺のは5万部くらいだもの。書店に行ったら、伸二の本が一番の売れ筋のところに並んでいた。

藤田　おかげさまでベストセラーになって。新千歳空港の書店だったかな。その週のランキングが出ていて、僕が1位。2位

に村上春樹がいた。「マジで？」って思いましたよ。だって、こっちは競馬界の悪口しか書いてないのに、村上春樹に勝っちゃってるんだから。

武論尊　俺も買って読んじまったよ。

藤田　いや～、僕が先生を負かしたことがあったんだ。言ってくれなかったら知らないままでした。

武論尊　けっこう悔しかったよ。

藤田　それ、めっちゃうれしいですね。

――藤田さんが引退するとき、武論尊さんに事前に伝えていなかったんですか。

藤田　お世話になった人には言いたかったんですけど、一人に言ってしまうと、この人にも、あの人にもとなって、逆にみんなに迷惑をかけることにもなりかねない。だから誰にも言わずにやめました。

すべての音信を絶つ

武論尊　俺は『騎手の一分』を読んだとき、「ああ、アイツはやめる気だな」と思った。

藤田　そうなんです。あの本を書いたときにはやめようと決めていた。実際にやめたのは2年後ですが。

武論尊　覚悟を決めたなと思ったよ。あの本は今の競馬界に対して、なにも恐れず〝こうしたほうがいい〟という提案が詰まった内容だったから。

藤田　ある意味、宣戦布告みたいなもんですよ。このまま騎手を続けていたとして

も、外国人騎手にいい馬が回っている現状では、成績は下がっていく。競馬ファンというは勝手なもんで、勝ってないと「あいつも落ちぶれたもんだ」と平気で言う。バカな質問もあって、外国人が勝っているのを見て「ルメールってうまいんですか」って聞いてくる奴もいる。馬が強いんだっていう話を僕は伝えたいのに、落ちぶれたと思われるのも嫌だ。だったら一番いい時期にやめてやろうと。

武論尊　そんなふうに考えていたんだ。

藤田　騎手をやめたのと同時に自分の電話番号もメールアドレスもすべて変えて音信を絶ったんです。そして、札幌でバーを開店して、風の噂でもなんでもいいので、来てくれた人には不義理を謝って、また連絡先を交換して、一から再スタートですよ。

武論尊　騎手を引退するまでは年賀状のやりとりはしていたんだけど、そこでいったん切れた。どうしてるのかなあと思っていたら、誰かから札幌で店をやっているみたいですよと聞いて、大丈夫かなとは思った。騎手をやめた後、人生をおかしくする奴を何人も見てきたからさ。

騎手引退と同時に

藤田　店をやっていると「武論尊先生は知り合いですよ」という人もいて、僕も「先生にはお世話になっていて、僕の結婚式にも出てもらったんですよ」みたいな話をしているうちに、意外と早い時期に先生

武論尊さんの仕事場には何千冊ものコミック本が壁一面に並んでいた

と再会できました。

——どれくらい空いてました。

藤田　現役のときもそんなには会えていなくて、騎手をやめる前から含めて8年くらい間は空いていたと思う。2017年に某ゴルフコンペが北海道であって、そこに先生も招待されていた。だから再会はゴルフ場ですよね。そこで突然の引退を詫びて、ススキノでバーをやっていることを話した。先生は「じゃあ行くから」と言ってくれて、次の日の夜でしたかね、本当に来てくれました。

貧乏な馬主だよ

武論尊　伸二はさ、騎手じゃなくても、たぶんボクサーでもいけたと思う。

藤田　実際、夢はボクサーでしたよ。それがダメなら競輪選手か競艇選手。なにせ体が小さかったですから。一方で運動神経は抜群によかった。そんな特性を生かした職業がいいと思っていました。

武論尊　まあ、伸二なら、なにをやっても大丈夫だったと思うよ。そう考えれば騎手を引退した後も変なことにはならないだろうとは思っていたけれど、それでも再会するまでは心配だったね。

——武論尊さんは馬主でもあるんですよね。

武論尊　一応はね。たぶん、日本で一番貧乏な馬主じゃないかな。

18

藤田　なにをおっしゃいますか。

――ちなみに馬主歴は何年ですか。

武論尊　地方競馬はもう20年くらいやっている。中央競馬は10年くらい。

藤田　南関東ですか。

武論尊　そう、大井。でも、地方競馬は何回やっても面白くないから、それなら中央にってことになってね。

――馬主になったそもそものきっかけは。

武論尊　最初は共同馬主から入った。たまたま北海道・静内の馬の生産者たちから一緒に馬を持たないかと言われて、いいよと。それで共同で持つことになって、俺も馬主資格を取得した。

藤田　最初は地方競馬で。

武論尊　そう。個人オーナーになったのは、まだ4～5年というところだよ。４０

たぶん日本で一番

０～５００万円の馬で、とりあえず未勝利戦でも１つ勝ちたい。それが夢だった。でも１勝すると、２つめを勝ちたいとか、特別を勝ちたい……とかね。

藤田　重賞を勝ちたいとか、欲が出ますよね。

武論尊　そうそう。ズブズブとのめり込んでいくね。

藤田　何頭の馬主なんですか。

武論尊　走っているのは3頭で、デビュー前の馬が4頭いる。

藤田　これまでの最高順位は。

武論尊　２０１７年7月、福島の芝１２００メートルの3歳未勝利戦で初勝利。今後、この馬が行きそうな気がするんだけどな。

藤田　厩舎は。

武論尊　牧光二厩舎。

——馬はどこで買うんですか。

武論尊　トレーニングセールとか、セレクトセールでは買わない。ぜんぜん安いサマーセールとかオータムセールだよ。いわゆる〝残り物セール〟。

藤田　僕は2018年、札幌競馬場で開催されたトレーニングセールで9頭の馬に乗ったんですけど、そのとき先生は来てるのかなと思いましたよ。

武論尊　トレーニングセールの馬はあまり走らないというのが、俺の印象。

20 〝第2バブル〟の様相

藤田　そうはいってもモーリスとか出てますよ。

武論尊　そうか。モーリスってトレーニングセールだったか。

藤田　あれが一番の〝出世馬〟ですね。

武論尊　でも、持ってるのが社台グループだから（馬主は吉田勝己ノーザンホースパーク社長の妻・和美さん）。俺は昔から〝でっかい奴〟は嫌いでさ。だから毎年7月にノーザンホースパーク内で開催されているセレクトセールにも行かないっていうところもある。

藤田　でも社台じゃない馬となると、勝つのは相当難しいでしょう。

武論尊　それはそうなんだけど、日高の小さな生産者から安い馬を買って、1億円の馬に勝つ。それが夢ですよ。

藤田　でも先生くらいの有名人なら、社台グループのほうから「買いませんか？」って、接触はあるんじゃないですか。

武論尊　俺みたいな〝ぺーぺー〟のところにくるわけがないよ。

藤田　ぺーぺーって（笑）。先生がぺーぺーなわけないでしょう。

武論尊　本当だって。今なんか某IT系の若い経営者連中がワンサカいるから。馬産地も〝第2バブル〟みたいな様相だよ。

――いまや海外からも、ずいぶんと買いに来てますものね。

武論尊　馬を生産さえすれば売れる感じだよ。足が4本あれば、なんでも売っちまうみたいな。

藤田　今の競馬界は、社台グループだけが飛び抜けているのは間違いない。別に中

いまや馬産地は

央競馬会なんかなくたって、社台に競馬場をつくって、そこで馬券を売ればいいくらいなもんですよ。それくらい社台の馬ばっかりなんだから。

武論尊　これは俺の感覚だから間違っているかもしれないけど、現状なら出走する馬も、入ってくる金も、日本競馬全体の7割くらいは社台に集中すると思うね。それくらい圧倒的な力を持っているよ。

藤田　ある意味、今の競馬は社台の運動会を見ているようなものかもしれない。

武論尊　そうそう。GⅠに出る馬なんて、ほぼほぼ社台の生産馬なんだから。だから違う牧場の馬が勝つとものすごくうれしい。

藤田　本当に500万円とか1000万円以内の馬で、何億円の馬を負かす快感は騎手も同じですよ。

武論尊　俺の馬が初勝利したとき、3着だったのがミッキーハイドだった。ノーザンファーム生産の馬で、セリ値が1億円くらいしたと思う。それに勝ったんだよ。うれしさもひとしおだったね。

藤田　野田順弘オービック会長の奥さんの馬ですね。馬の値段が高いのはわかります。たとえば、ディープインパクトの種付料は4000万円ですよ。そこにある程度いい繁殖牝馬をつけるわけですから、基本的に駄馬は出てこない。

武論尊　そういう両親から生まれた馬は、

を大事にする馬主

やっぱり高く取り引きされるわな。

藤田　騎手から見たって高い馬はある程度、結果は出るだろうと思っているんです。

武論尊　キタサンブラックも300万円か400万円の馬じゃなかったっけ。

藤田　そうだったと思います。

武論尊　古くからの付き合いのある牧場で売れ残った馬を北島三郎さんが見て「顔が男前で惚れた」という理由で買ったと聞いている。

藤田　2013年の桜花賞やエリザベス女王杯を勝ったメイショウマンボなんかは牧場を助けるために買ったような馬です。馬主の松本好雄きしろ会長は、社台グループに席巻されている日本競馬界の現状を危惧して、中小規模の牧場を大事にしてきました。ある牧場主が松本会長に「以前うち

22

の馬を1頭買ってくれるとおっしゃった。いま牧場の経営は大変厳しい状況にある」と話したところ、松本会長はあといくらあれば牧場を立て直せるのか聞いて、その金額で馬を1頭買ったといいます。でも、これは馬の値段じゃないんですよね。

武論尊　人のため、地域のためだよね。

藤田　その馬がメイショウマンボなんですよ。そういうことを考えると競馬にも馬主にもロマンがある。

武論尊　本当にメイショウウさんとドクター・コパさんは日高の中小牧場からしか馬

中小規模の牧場

を買わないよな。決して良血とは言えないのかもしれないけど、そんなことは気にしてないね。実際にメイショウさんの馬もコパさんの馬も、それなりに勝ってるからね。そういうのがうれしい。セリで4000万円くらい出して馬を買う友人もいるんだけど、さすがに「お前、だまされてるぞ」とは口に出しては言えないから、心の中で叫んでる。まあ、これも個人的な見解だけど3～4000万円で落札した馬は一番走らないと思うね。

藤田　セリの値段なんて、あってないようなものですからね。わざと競らせているような面もあるし。

武論尊　3～4000万なんていうのは、馬の実力に関係なく、みんなで競っちゃうから高くなるだけだよ。

藤田　北海道は馬産地でもあるから、地域振興のためにも、もっと競馬関連産業が盛んになる方策を考えないと。大牧場だけが栄えるようなことじゃダメですよ。

武論尊　そんな地方競馬のためにも伸二の騎手再挑戦は期待していたんだよね。

藤田　……やっぱり無念です。

武論尊　1次試験は学科だよな。そもそも経験者なんだから免除でもよさそうなもんだけどね。法律的に、なにかそうしなければならないような決りでもあるのかね。

藤田　中央競馬と地方競馬の施行規定というのがあって、いろいろなルールがあるんです。それらを箇条書きにすると、やっぱり中央と地方とでは違ってたりする。いかんせん勉強は苦手で。

――武論尊さんも復活を望んでいた。

格は、やはり無念

武論尊　そりゃぁ復活してもらって、俺の馬にも騎乗してもらいたかったさ。

藤田　試験会場は門別競馬場で、僕が再受験することに馬主や競馬場運営側はすごく喜んでくれました。受かっていればよかったんだけど、そうそう世の中、甘くはない。だけど、トレーニングセールで1日9頭に乗って、3年間まるっきり乗っていなくても体が覚えているのを実感した。今だって現役の競走馬に乗れと言われれば上手く走らせる自信もあります。

武論尊　いいよね。地方競馬としては欲しい人材だよね。

藤田　でも〝藤田が来たら、いい馬は全部取られる〟と思う関係者もいるんでしょう。地方競馬は賞金が安い。そんなところに藤田が来て賞金の分配が変わったら、既

存の騎手も厩舎も死活問題。そういう人からすれば、僕は〝招かれざる客〟なんでしょう。僕自身は、本当にお世話になった馬主さんのほうから、どうしても乗ってくれという馬にしか乗らないし、別にリーディングを取りたくて再挑戦するわけじゃない。そういうことは言ってたんですが、やはり一部に冷たい空気はありましたね。

武論尊　ん〜、そうか。

藤田　だって学科試験がなければ落とす理由がないじゃないですか。

——結局、落とすための試験だったと。

騎手免許試験不合

藤田　そうですよ。

武論尊　最初から厩舎サイド、ジョッキーサイドから迷惑がられていたのかね。

藤田　どうでもいい人間なら「入れてやれ」となったかもしれない。

武論尊　俺も馬主だけど、たしかに馬主からすれば伸二にいい馬をあてがうよな。今は騎手のなり手も少ないと聞く。ホッカイドウ競馬だって騎手は欲しいと思う。

藤田　僕は北海道出身ですから、北海道に貢献したいという気持ちが強くあった。だから真面目に勉強はしてたんですけどね。

武論尊　馬券を売るほうは絶対に復帰してもらいたいと思い、でも現場は歓迎しない。分裂状態の受験だったんだね。

藤田　なんだかんだ言っても最終的には馬主さんが強い。今となっては遅いけど、

25

馬主側からガッツリ圧力をかけてもらえばよかったのかもしれませんね。馬主なくして競馬は成り立たないわけですから。

武論尊　主催者側は「なんでこんなおいしい話をやめてしまうのか」と思っているはずだよね。だって伸二が乗るとなれば、マスコミは騒ぐ、話題になる、来場者は増える、馬券は売れる、となるわけで、絶対に売り上げはアップする。

藤田　ヤフーニュースでは、JRAを引退するといってトップになり、騎手試験を受けるといってトップになり、落ちたといってトップになる。まだ「藤田伸二」には話題性があるんでしょうから。

武論　だからもったいない話なんだよね。普通だったら試験なんかやらなくても、試験をやりました、受かりました、とやっちゃうよ。

藤田　本当ですよ。1次は免除でいいじゃないですか！

原作は騎手もの!?

――武論尊さんは、これまでに競馬をテーマにした原作を書いたことは。

武論尊　1992年頃かな。週刊ヤングマガジンに『パッパカパー』という作品を書いたことがある。後に映画にもなった。

――そうですか。映画の主演は。

武論尊　山崎邦正。そのほかに間寛平とか倉田保昭、永作博美などが出ていた。

――1992年というと武論尊さんが45歳くらいのときの作品ですね。

武論尊　そうだね。いわゆる馬券に狂って、どんどん人間が落ちていくという話。主人公を指南している爺さんが俺で、北斗の拳を書いた原作者が馬券にはまって、女房に追い出されて、競馬場を放浪するという話。だから俺の未来を書いた。

藤田　これも近未来の感じで書いたとか。

武論尊　いやいや。公営競馬の楽しさと馬券にかける人たちの面白さを描いただけ。

――騎手の話を書いたことは。

武論尊　ジョッキーの話は書いてないね。

――これから書いたらどうです。

武論尊　う～ん。ジョッキーの話はいろいろ知りすぎているからね。

藤田　あまり面白くないんじゃ。

武論尊　どうだろうな。

――日本にも競馬ファンはたくさんいるし、世界中に競馬文化はありますよ。物語としての広がりはある。近くに「藤田伸二」というモデルもいますし。

武論尊　たしかにジョッキーの話はあまりないかもね。それこそ田原成貴が原作を書いた『ありゃ馬こりゃ馬』くらいかもしれない。考えてみるよ。

武論尊、次回漫画

28

裁決委員とエージェントに不満 騎手に別れ

２０１５年の９月６日、札幌競馬場検量室室内にある裁決ルームで、騎手の免許証と引退届を机にたたきつけ「もう、やめたるわ」とひと言。あっけなく25年間のＪＲＡ騎手人生にピリオドを打ったのだ。

その前に自己紹介だね。俺は藤田伸二、47歳。北海道の日高管内新冠町出身。よろしくお願いします。

引退して早くも４年が過ぎ、その間、俺が「なにをしていたのか?」「なぜ、あんなやめ方をしたのか?」などなど、この場を借りて話そうと思います。

まず引退を決めたのは2012年くらいだろうか。自身が出版した『騎手の一分』[※1]（講談社刊）という本を世に出した頃だね。この本には今の競馬会に対しての不平不満をたくさん語っている内容なんだけど「そろそろアイツやめるな」と思った方もいただろう。

とにかく俺が一番納得できなかったのは、レースにおいてのジャッ[※2]ジマン（裁定委員）についてだね。どんなスポーツでも、ある程度の経験者が審判を下すということが常識なわけで、競馬においては、レースに騎乗したことのない人間が判定している現状だ。馬券を売り上げにしている組織だからこそ、ファンが納得するジャッジをしないのであれば、現場で危険を顧みず仕事をしている騎手連中はたまったものではない。

この件においては20年くらい前から思い続けていることである。騎手人生25年かけてもなにも変わらないし、解決すらしていない。「こんな環境の中で仕事をしていても面白くない」と思ったのが、やめる理由の1つでもあった。

※1　同書内でJRAや騎手のエージェント制度、人気騎手の騎乗方法などを批判。競馬サークルのタブーに切り込んだ内容で、大反響を呼んだ。発行部数は17万部を超えている。

※2　レース着順の確定、失格または降着の裁決の申し立ての裁決などをおこなう。一競馬場につき3人で構成している。

そして海外騎手、地方競馬から中央競馬への移籍[※3]問題。俺がデビューした28年前には、東西[※4]合わせて２００人以上の騎手が在籍していた。しかし、現在は１４０人弱。そのうち障害レース専門の騎手を除くと１２０人くらい。その人数で３場開催を持ち回りしていることになるので、騎手が不足しているのは事実なんだ。

そうすると自然に質の良い馬には大手馬主が身元引受人になっている外国人騎手が騎乗する。成績が良い厩舎に親交のあるエージェント[※5]の集める馬が、常にリーディング上位騎手へと集中する。成績があからさまに偏っているのが実態なんだ。

そうなると頑張って、努力している連中がつまらないんだよ。正直、モチベーションが一気に下がったから「やめた！」ってわけ。同時に俺の居場所もなくなった。

そして、なんであわてて引退届を出したかというと、１０００勝以上している騎手は、基本的にＪＲＡから引退セレモニーが用意される。この組織に嫌気が差していた俺は「そんなことはしていただかなくて結構」と思い、最後の騎乗後にすぐに競馬場を去ったんだ。

※3　外国人ジョッキーでは、2015年にクリストファー・ルメール、ミルコ・デムーロの両騎手が、外国人として初めてＪＲＡ通年免許を取得している。また、２０００年に入り地方競馬のトップ騎手がＪＲＡに移籍するケースが増加。２０１３年に大井競馬から移籍した戸崎圭太騎手は２０１４、２０１５年と2年連続でＪＲＡリーディング（年間最多勝利騎手）となった。

※4　ＪＲＡでは茨城県・美浦村と滋賀県・栗東市にトレーニングセンター（厩舎、調教施設など）がある。騎手はどちらかに所属する。競馬関係者は、美浦を〝東〟〝関東〟、栗東を〝西〟〝関西〟などと表現する。

※5　馬主、調教師から騎手に対する騎乗依頼を仲介する人たちを指す。騎手と契約を結び、ＪＲＡに届け出る。エージェントを務める

30

ファンとの交流の場、ススキノにバー開店

その数時間後、ホームページに文面を載せてファンのみなさまに伝えたのだ。今まで25年間、根強く応援してくれたたくさんの方々のために、競馬場以外でなにか恩返しができないものだろうか……。やめる前から考えていた末、普段ではなかなか難しいと思われたファンの方々との交流の場をつくり感謝の思いを伝えようと、札幌・ススキノにバーをオープンさせたんだ。

その名は「Ｂａｒ ｆａｖｏｒｉ（ファヴォリ）」。フランス語で〝お気に入り〟という意味。騎手・藤田伸二のファンであり、気に入ってくれた方々と酒を一緒に飲みましょう、ってな感じでね。

おかげさまで、開店から1年の段階で、来客総数は２０００人弱。47都道府県で来客がないのは富山県のお客さんのみ。うれしいことだよね。こんなにたくさんの方々に応援してもらったということは、本

人物は競馬新聞の記者（トラックマン）、スポーツ新聞の競馬担当の現役記者・ＯＢなど。

藤田伸二さんが経営する
「Bar favori（ファヴォリ）」
（札幌市中央区南3西5三
条美松ビル2階）の店内

当に騎手をやっていて良かったと、心からそう思います。

　生活スタイルが昼夜逆転とガラリ変わってしまったけど、日々遠方からのお客さんと楽しく話していると、疲れも吹っ飛ぶよ。趣味であるゴルフに行く回数が減ったのは少し残念だけど仕方がないね。

　なにも告げずにやめた俺に対し、この店に競馬関係者の厩務員さんや後輩騎手たちが顔を出してくれるのはありがたい。俺のファンでもあるお客さんたちには思わぬサプライズになるから、良いサービスにもなっているよ。そんな感じで、日々感謝の気持ちを忘れずに毎日を送っている生活です。

ほかにも、札幌市清田区美しが丘でアロマショップを経営したりしてなにかと忙しいけど、本当に充実した日々を過ごしています。

1年以上馬に乗っていないけど、乗りたいかというと、それがまったく乗りたいと思わないんだ。それだけスッキリやめられたってことだよね。週末のレースも観なくなってしまったし、未練もないわけ。でも、たまには観ますよ（笑）

今後、バーをずっと続けていくかは微妙だけど、ファンのみなさんに恩返しできるまではやろうと思っています。

今回、『財界さっぽろ』さんから連載コラムの依頼をいただき、北海道民として、いろいろな角度から〝俺目線〟ではありますが、たくさん話をしていきたいと思っていますので、よろしくお願いします。

競馬の話はもちろん、さまざまなジャンルの話もしますよ。そして一人でも多くの方々に俺のことを知ってもらえたら、なおうれしいです。

34

オグリキャップの引退レースで鞍を馬装

今回は、競馬を知らなくても名前はわかるだろうと思う武豊[※1]さんについて話そう（以降、ユタカさん）。

まず、ＪＲＡの騎手になるためには、競馬学校[※2]に３年間通って、卒業後、騎手免許試験に合格して初めてプロになれるというシステム。ユタカさんは学校創立第３期生。俺は７期生で入学したから、ちょうど入れ違いだった。

ユタカさんはデビューした年から数々の記録を塗り替え大活躍。競馬ブームの火付け役になり、世間をにぎわせていたのは、みなさんもご存じだろう。そんな俺は競馬学校１年生としてユタカさんに憧れ、

※1　1969年生まれ。2016年9月、デビュー30年で通算4000勝に到達した。GIを100回以上勝つなど、数々の金字塔を打ち建てている。

※2　騎手の養成、中央競馬の厩舎スタッフ（厩務員・調教助手）を目指す人の教育をおこなう。騎手課程は3年間、寮生活をしながら学ぶ。

そして目標として日々精進していたものだ。

俺が2年生になって関西所属と決まり、栗東トレーニングセンターにあった境直行厩舎に入門。1年間の実習生活が始まった。同厩舎には騎手の先輩として兄弟子にあたる石橋守[※3]さんもいて、いろいろお世話になったものだ。

左から、安藤勝己さん、武豊さん、藤田伸二さん（Bar favoriにて）

その石橋さんは競馬学校第1期生であり、ユタカさんとは学校時代も一緒。お互いが競馬関係者の子どもとして幼馴染みだったんだ。だから2人の先輩はとても仲良しで、実習中の平日の晩は、いつも石橋さんとユタカさんにご飯をご馳走になっていた。でも、お会計は先輩である石橋さん

※3　1966年生まれ。2006年、メイショウサムソンとのコンビでGⅠ・皐月賞、日本ダービーなどを制覇。2012年に調教師試験に合格。2013年3月に厩舎を開業した。

が全部払っていたけどね（笑）

誰が稼いでいようが先輩が払うという縦社会は、ここで学んだことに間違いないね。そして、本当にいつも一緒だった記憶は懐かしいね。競馬開催のときは、必ず2人の兄貴分の馬具の手入れや身のまわりのお手伝いをして、よくお小遣いをもらったよ。そんなわけで俺は石橋さんがいたからユタカさんに面倒を見てもらえるようになったわけ。

そして、実習が終わり競馬学校に戻ると俺は3年生。中山競馬開催の日曜日にユタカさんが乗りに来ていると、必ずお手伝いをしにいったんだ。

ちなみに、競馬学校は千葉県にあって中山競馬場から近かったしね。中でも一番思い出深いのは、1990年の有馬記念。あの感動の[※4]オグリキャップのラストランだよ。

実はユタカさんが検量したオグリの鞍を装鞍所まで運び馬装したのは、この俺なんだよ。そして、ウイニングランの後、引き返してきたユタカさんがクルクルって鞭を回して俺に投げてくれて、それを受け取ったときのうれしさといったら、今でも鮮明に覚えているよ。見習

※4、競馬ブームを牽引した不出世のアイドルホース。〝アンカツ〟こと安藤勝己騎手が騎乗し、笠松競馬場でデビューした。JRAに移籍し、5歳になるとGIのマイルチャンピオンシップ、ジャパンカップを制覇。ところが翌年の1990年、脚部不安

い騎手候補生であった藤田少年は心が躍っていたね。

その後、ユタカさんの活躍により競馬人気に火がついて、バブルもはじける前の最高の時代にデビューした俺。2人の心強い兄貴分たちも応援してくれたおかげで、1年目から活躍できたと思う。

紳士で知られる武豊騎手が泥酔して……

「武豊とは？」と質問されるとひと言では難しいけど、とにかく温厚な性格って感じかな。声を荒げて怒っているのを見たことがないし、優しい人。一緒にレースに乗っても「ああ乗れ、こう乗れ」と言うわけでもなく、生き方がスマートだから「オレを見て勝手に覚えろ」って感じだね。

俺が現役のときはアドバイスなんて本当になかった。それよりユタカさんに少しでも近づけるように、認めてもらえるように必死だったから、俺が引退する頃は逆にリスペクトしてくれたのかもしれないね。

などによりレースで惨敗。「オグリは終わった」と言われている中、引退レースの有馬記念に出走した。武豊騎手を背に劇的勝利を果たし、中山競馬場は、18万人による〝オグリコール〟に包まれた。

日本競馬界の〝至宝〟である武豊騎手

騎手として、あんなに素晴らしい人間はいない。でも、酒を飲んだら違うよ（笑）

酒癖が悪いわけじゃないよ。ユタカさんは各界に知り合いも多いんだ。競馬関係者以外の人と飲んでいると、いつまでも冷静さを保っているんだけど、俺や騎手仲間だけで集まるとデロデロになるまで飲んでいる。安心するんだろうね。常に気を引き締めて生活している人だし、気を許した仲間には〝心を開くのかな〟なんて思うときもあるよ。

いつだったか、俺がトイレに行って戻ってくると、ユタカさんの姿が見当たらない。と思ったら掘りごたつの中に落ちて寝てたんだ。そんなおちゃめな部分も持っていて、すべての後輩から好かれている人間ですね。俺とは正反対。

38

そういえば俺が20歳くらいのときかな。石橋さんとユタカさんと「ダービーを勝ちたいね～」とメシの席で話したこともあったんだ。

俺はフサイチコンコルド、石橋さんはメイショウサムソン、ユタカさんにおいてはディープインパクト※5を含む5勝と、3人仲良くダービージョッキーになれた。うれしいことだよ。今や石橋さんは調教師。ユタカさんは今も記録を伸ばし続けている。そんな中、俺はバーテンダー……。

それを思うと悲しくなるが、それも俺の人生。この大事な2人の兄貴分がいたから今の自分がいる。本当に人の出会いはめぐり合わせだね。だから今、店でいろんな人に会えるのが楽しい。

今回は「武豊」についていろいろ語ろうと思ったけど、彼とのエピソードには必ず石橋さんが登場してくる。3人で温泉にも行ったたし、旅行もした。ユタカさんにはアメリカにもフランスにも同行させてもらえたし、たくさん勉強させてもらった。

もっと面白い話はたくさんあるんだけど、書いたら怒られそうな話ばかりが思い浮かぶし、素敵な話で終わらせました。

※5 デビューから無敗で3歳クラシック3冠（皐月賞・日本ダービー・菊花賞）を達成。あまりの強さに主戦の武豊騎手は、「走っているというより、空を飛んでいるようだ」と評した。生涯成績はGⅠ・7勝を含む14戦13勝。現在は種牡馬として、多くの名馬を送り出している。

40

ジョッキーの給料日は毎週月・金の2回

今回は騎手の給料について話そうか。詳しいことはあまり知らないでしょう。俺は中央競馬に在籍していたので、地方競馬のことはわからないが、基本ＪＲＡは元日が終わって5日（主に金杯[※1]）から開催が始まり、その後、毎週土日のレースが年末の有馬記念まで続くシステムになっているんだ。

まず騎手には厩舎に所属している者、フリーの者と2通りあります。基本的にフリーの騎手に給料はありません。

所属している騎手は厩舎から騎乗契約料として毎月給料が振り込まれますが、デビュー年の給料は手取り9万円くらい。それから毎年1

※1　ＪＲＡの新年を飾る名物重賞。中山金杯（中山競馬場、芝2000メートル）、京都金杯（京都競馬場、芝1600メートル）がおこなわれ、その年の運だめし、お年玉レースとして、ファンに定着している。

万円ずつ増えていき、最高25万円くらいで満額になります。

ですが、今の時代、5年未満でフリーになる騎手が多いので、ほとんどはレースで稼いだ賞金を当てにすることになります。

そこで、賞金はどのように振り込まれるのか。気になりますよね。まずレースに乗ると騎乗料が発生します。そして、レースで8着までに入線すると賞金の5%の進上金※2をもらえる形になっています。

騎乗料に関しては平地、特別レースは2万4000円、重賞のGⅡ、GⅢは3万円、GⅠは5万円になります。俺が引退して4年ちょっとなので変わっていないと思いますよ。

その騎乗料は土日のレースが終わり、翌日の月曜日に各人の騎乗料の通帳に振り込まれます。そして進上金のほうは、同じ週の金曜日に進上金の通帳に振り込まれるようになっています。だから「毎週2回の給料日がある」と思ってくれたほうが早いでしょう。

あと平日など馬の調教に乗ると、調教料が1頭につき1000円もらえます。レースにあまり騎乗依頼がない騎手などは、休日以外に毎日、たくさんの馬を調教して稼いでいる者もいますよ。だから単純計

※2　競走馬が賞金を取得した際、馬主、管理調教師、騎乗騎手などの厩舎関係者に支払われるお金。一般的に平地競走の場合、割合は馬主80%、調教師10%、騎手と厩務員がそれぞれ5%となっている。

ダート界で一時代を築いたトランセンド（GⅠ・ジャパンカップダート、2010年）。表彰式で笑顔の藤田さん

算すると、年間１０００回騎乗する騎手なんかは、騎乗料だけで３０００万円を超えることになりますよね。それに進上金。正直、リーディング上位の騎手が億を稼ぐことは、簡単と言っていいでしょう。でも落馬など危険を伴う仕事なので、１年間無事にクリアすることも難しいですし、騎乗停止[※3]などのペナルティーや罰金を科せられることもしばしばあるので、気の抜けない仕事なのは確かです。

その他にもレースで勝利すると、馬主から御祝儀をいただいたり、副収入もあります。バブルがはじけてからはオーナーサイドも景気が悪いのか、そんな風習も少なくなっているのが現状らしいですよ。そもそも、そんなお金を当てにしてレースに挑んでいるわけじゃないですけどね。中にはいるかも……（笑）

※3　レース中、斜行などにより他馬の進路を妨害したとき、反則を犯した騎手に与えられる制裁。落馬といった危険度が高い場合は長期間の騎乗停止が科されることもある。

納税通帳に手を出してしまう若手騎手

ここまでの話で、騎手の給料詳細についてわかっていただけたでしょうか。

ちなみに「騎手は賞金の5%」というのは世界共通じゃなく、国によって異なります。俺も海外あちこちで騎乗させていただきましたが、乗ったことのある国でいうと日本とオーストラリアが5%。アメリカ、香港、ドバイなどは10%。凱旋門賞がおこなわれるフランスは、2%をギャロ[※4]と呼ばれる団体に納めなければいけないので8%になります。

ちなみに、調教師においては世界共通で10%になっているはずですよ。お金の話ばかりでいやらしいですが、世界の大レースは破格の賞金額です。しかし、平均して一番賞金が高いのは、日本の中央競馬なのです。だから外国人騎手が日本に出稼ぎに来るわけですよ。来たら来たで日本の競馬会じゃなく〝競馬村〟の人間は外国人好き……。海

※4 フランスにおける競馬統括機関。ロンシャン競馬場など国内6競馬場のレースを主催。トレーニングセンターなども管理する。

エイジアンウインズで名馬・ウオツカを破りガッツポーズ（GⅠ・ヴィクトリアマイル、2008年）

外に賞金を持っていかれるのではなく、日本の騎手でお金を回せるように馬主たちも、もっと協力的になってもいいんじゃないかと思いますね。

　最近の競馬を見ていても外国人ばかりで面白くないのが俺の感想かな。やはり日本の競馬は、武豊がスーパースターであるべき。〝もっと頑張れユタカさん！〟って感じかな。

　話は少し逸れたけど、稼ぐ騎手には税金もたくさんかかる。正直、俺も現役のときは、稼げば稼ぐほど持っていかれるなら、中の上で安定して稼いだほうが効率がいいなんて思ったものだ。なにせ騎手には必要経費が少ない。所有している馬具なんかは数年使えるし、あとはお世話になっている厩舎の方々を接待するか、移動費くらいなものだ。税金の額について詳しく言えないが、苦しめられた経験のほうが多いかな。まさに財界だね……（汗）

44

どうでしょう。なんとなく競馬の騎手の給料やお金の流れが少しでもわかっていただけたかな。でも、騎手という職業はやはり勝負の世界。一流と言われる騎手はおいしい思いをしているが、稼ぎが少ない騎手なんかはサラリーマン以下の連中もたくさんいるということも理解していただきたい。

そして、さっき説明した中で騎手になると騎乗料、進上金、納税の3つの通帳がわたされます。競馬会から一度、騎手[※5]クラブに振り込まれ、それから3つの通帳に振り分けられて入金されます。納税の通帳に手をつけなければ、その年の税金は払えるわけ。お金に困った騎手なんかは納税の通帳に手を出してしまう者もいて、税金が払えず「延納金」として税金の借金を抱えてしまう後輩たちもいましたね。一番いいのは浮き沈みなく毎年同じくらいの収入を維持するのが理想の騎手像といえるでしょう。

これから競馬を見てくれる方は、賞金や騎手の乗り鞍など、違った角度から観戦するのも面白いかと思いますよ。

※5　JRAに所属する騎手によって構成される任意団体。会長は武豊騎手が務める。騎手の労働組合としての意味合いもあり、JRAに待遇改善などを求めることもある。

46

暮れの最終、正月明けの第1Rに勝ちたい

今回は競馬社会の休みの日について話そうか。

基本、元日は休み。その後、1月5日に金杯がメインレースに組まれ、そこから暮れの有馬記念まで毎週土日に競馬がおこなわれ、月曜日が休日になっています。

もちろん、ゴールデンウィーク[※1]やお盆なんてJRAには関係なく、まとめて休みを取ることができるのは、有馬記念から金杯までの間ということになります。

ですが、暦の上で早く終わるときもあれば年末ギリギリになる場合もあるので、その年によって長く休みが取れるときは海外に出かけたりする騎手も多いんです。武豊さんなんか毎年アメリカに行って、休

※1　ゴールデンウィークやお盆には、地方競馬場でJRAとの交流重賞がおこなわれる。そのため、JRAの騎手も出走する〝お手馬〟に騎乗する。

みなのにレースに出たりして。本当に競馬が好きなんだと思いますよ。

若い騎手は海外旅行なんてもってのほか。「生意気な奴だ！」なんて言われることもあるから、毎日朝の調教に励み、正月競馬に向けて精進しています。

そうやってバカンスを楽しむ者、仕事に取り組む者とそれぞれですが、みんなが共通している目標があるんです。

それは、競馬最終日の第12レースと、明けましておめでとうの開催初日の第1レースを勝つこと。

暮れの最終レースに勝てば、気分良く年末を過ごせます。そして、正月最初のレースに勝てば、とにかく次のレースまでの間、リーディングジョッキーになれる。小さなことだと思われるかもしれませんが、本当にうれしいことなんです。もちろん、メインレースの金杯なんて勝てたら、なお最高！

俺の場合も、正月競馬でロケットスタートを切って、たくさん勝ったときの思い出は、今も鮮明に覚えているものだよ。

なぜなら、次週を迎えるときの週刊誌。競馬好きなファンの方ならわかると思いますが『競馬ブック』[※2]や『ギャロップ』なんて、毎週のリーディングが週刻みに発表されるわけで、1週間だけでも全国1位になったときの雑誌は、今でも大事に取ってあるんですよ。

だけど終わってみれば、俺が生涯最高の年間勝利数127勝を挙げて満足していても、当時モンスターだったユタカさんは年間200勝以上も勝ち星を挙げてリーディング……。

それだけ当時のJRAは〝武豊一色〟だったな。でも、一番楽しい時代でもあったし、やりがいもあったね。けど、毎週の成績が1位から最下位まで発表される雑誌。考えるとシビアな世界だよね。

サラリーマンより騎手のほうが休める

ちょっと話は逸れたけど、今回は休日がテーマ。調教師や厩務員なんかは昼からも馬の状態確認、飼い葉（エサ）付けなど休みの月曜日でも忙しくしています。見習い騎手を除いては朝の調教が終わるのが

※2 週刊競馬ブックは1962年に創刊。週刊ギャロップは1993年に創刊。どちらも毎週月曜日に発売され、日本・世界の競馬に関連する情報・データ、その週の重賞レース予想記事などが掲載されている。

2011年、ヒルノダムールで天皇賞・春を制覇。ゴール後に渾身のガッツポーズ

午前9時なので、その後はゴルフに行ったりパチンコに行ったりと意外に時間はあるんですよ。夏競馬※3になり函館や札幌組になると完全滞在になるので、天気が良ければ月曜日から金曜日までゴルフなんてこともありますからね。

金曜日は競馬前日ですが、騎手は夜の9時までに「調整ルーム※4」という施設に入室すればいいだけなので、正直忙しい仕事ってイメージではないね。強いて言えば開催日以外は朝の5時半から、冬は6時から調教が始まるので、朝が早いのが少々しんどいだけ。それに慣れてしまえば、仕事が終わった時間から次の日の調教時間まで自由ってことになるから、普通のサラリーマンより、たくさん休めるわけだよ。まあ、連日続けて遊ぶのは無理だし、調教を休むわけにはいかないけどね。

ただし、2017年から有馬記念が最終週

※3 毎年7月から8月まで開催される。北海道では函館、札幌の順でおこなわれる。

※4 週末のレースに備えたコンディショニング調整や、競馬に向けて外部との接触を避けることが目的。同施設には食堂、娯楽室、浴室などがある。

の1週前におこなわれ、格上げされた2歳のオープン特別「ホープフルステークス」[※5]がGⅠとなる。12月28日がJRA最終週に毎年固定になったようだから、まとめて休める日数は少なくなるだろうね。

でも騎乗停止などの制裁をくらったりすると、それを利用して「海外競馬の視察」なんて理由をつけて出かける騎手もいるから困ったもんだよ……って言っても俺自身その悪儀の経験者なんだけどね（笑）

厩務員は年数回、レクリエーション旅行

そんなわけで休日とは言えないけど、騎手は世間の人より時間があると思います。厩務員さんは担当する馬に年中つきっきりなので「ずっと仕事？」なんて考える人もいると思いますが、ちゃんと労働組合があり、年に1度か2度、1泊2日のレクリエーション旅行を数回に分けて実施。少ない休日を楽しんでるんですよ。

厩務員さんだけじゃなく、調教専門の調教助手さんも組合員なので、

※5　2歳馬が出走する芝2000メートルの中距離レース。2017年は古馬のGⅡだった大坂杯も、GⅠに昇格することになった。

東西合わせると3000人はいます。だからレクリエーション旅行の分散も大変なんです。全員が行くわけじゃなくても、大勢での旅行は事実。近いところの海外旅行だと〝爆買い中国人御一行様〟と間違えられているかもしれないね（笑）

それと有給休暇。1つの厩舎には調教師が社長として君臨。社員である厩務員や助手を順番に年1週間ぐらい休ませないといけません。それは労働基本法に基づいてのものでしょう。一家の大黒柱である調教師が、一番休みが取れないのが現状だと思いますよ。だから〝JRA現場隊〟ともいえる関係者すべてを見ると、騎手が一番ストレスのない時間があると思ってくれて良いでしょう。

どうでしたか？

俺が属していた仕事場の休日事情、知らない方が多いと思うので書いてみました。世の中にはいろいろな仕事もありつつ、それぞれの休み方もさまざま。なんの参考にもならないのかもしれませんが、知っていて損はないと思いますよ。

52

調整ルームにある携帯電話回収BOX

今回は競馬前に騎手が隔離される〝調整ルーム〟について話しましょう。基本的にこの施設はＪＲＡと地方競馬[※1]のみ存在します。海外競馬にはないものなんですよ。

そもそも「調整ルームとは？」と思う方に説明すると、競馬とはギャンブルであり、それに騎乗する騎手たちが外部と接触することを防ぐためにある施設と言ってもいいでしょう。名目は〝公正確保〟って感じかな。

ＪＲＡは土日[※2]の開催が主体なので、騎手たちは前日金曜日の夜9時までに入室しなければいけません。ただ、土曜日に騎乗予定のない騎手はもちろん入らなくていいわけです。日曜日だけ騎乗予定だと土曜

※1　現在、地方競馬の開催競馬場は次の通り。門別、大井、船橋、浦和、川崎、名古屋、笠松、金沢、園田、佐賀、高知。福山、宇都宮など、売り上げ低迷により廃止される地域もあったが、インターネット投票の普及などで馬券販売は持ち直しつつある。

※2　ＪＲＡでは基本的に各競馬場で、土曜、日曜に各12レースが組まれる。第1レースのスタートは午前10時前後。最終レースは4時半

日の夜9時までということになります。そして解放されるのは、各々の騎手が日曜日の騎乗を終わり次第。ＪＲＡの場合は基本土日なので2日間の拘束ですが、地方競馬は開催が数日続くことが多いので、1週間の半分以上はルームでの生活になるので大変だと思います。

ですが、この調整ルームは果たして必要なのか？

現代は携帯電話の普及が著しく、外部との連絡なんか朝メシ前のように感じますが、一応ＪＲＡの場合はルーム内に〝携帯電話ボックス〟を設置して、そこに預ける形式をとってます。しかし、最近でも数件「騎手が調整ルーム内でラインやツイッターなどを使用した」との事情で騎乗停止処分を受けている騎手も……。正直、俺が現役のときから生ぬるい規則の中で運営しているのが現状で、徹底して厳しくないから不祥事が起こるわけ。

だいたい海外にはそんな施設もなく、自身が乗るレースの「発走時刻2時間前に競馬場に到着すれば良し」との決まりがあるだけで、隔離されるとかはないんですよ。

もし、交通渋滞などの理由で遅刻した場合なども、なんの罰則も受

までに終了する。また、重賞、ＧⅠなどのメーン競走は11レースで実施される。

けません。それだけユルイ感じが海外競馬ですね。ＪＲＡも調整ルームそのものをなくし、規律、公正などなど言ってないで、騎手たちをもっと信用してやればいいのに……って思いますけどね。

それに現状、売り上げ[※3]も下がっているＪＲＡは、経費削減ばかり気にしている。それなら、この施設をなくすだけで人件費を削れるはず。もし決められた時間内に競馬場に来なければ「長期間の騎乗停止や罰金」など重い罰則をつくればいいだけで、正直いい大人なんだからルームに閉じ込める必要はないと思うんだよな。

そのへんは「海外の真似をしたらいいのに……」と思っている騎手もたくさんいるはずですよ。

ランダムでドーピングとアルコール検査

ともかく今は調整ルームが存在するわけで、ここからはルームの中ではなにをやってるのかっていう話しをします。

※3　ＪＲＡの年間売り上げは、ピークの1997年には4兆円を超えていた。2016年は約2兆6700億円だった。

夜の9時までに入室したら、とにかく自由です。時間ギリギリに入る者、早めに入りルームで夕食を摂る者、体重[※4]を落とさないといけないためサウナで調整する者など、個人差はありますが、正直ヒマなんです。

調整ルームの中には娯楽施設として麻雀卓が完備されていて、好きな者は卓を囲んで楽しく時間を潰しています。俺も麻雀が好きだったし、よくやったものです。卓が一杯のときはレンタルビデオを借りて時間を潰したり、食堂で酒を飲んでいたりといろいろです。

ちなみに、ルーム内での飲酒は特に制限がないので、次の日のレースの出番が昼からの場合は深酒するときもありましたね。若い騎手なんかは食堂にあるテレビを占領してゲームをやってたり、マッサージを受ける者もいれば、翌日のレースの新聞とにらめっこして作戦を立てている真面目な者など、さまざまな過ごし方をしています。

外出できないだけで、ルーム内は自由だし消灯時間もありません。ＪＲＡの職員が見回りに来ることもない。本当に身柄が拘束されるだけで、中は適当な感じなのが実態です。この調整ルームがあるからな

※4　レースに出走する競走馬には、決められた負担重量が科される。騎手の体重と鞍などを合わせた総重量で、平地競走では40キロ後半から50キロ後半。斤量をオーバーすると騎乗できないため、体重を落とさなければならない。

にか得した、良いことがあったなんてことは、騎手を25年やってきた俺に言わせると1つもないですね。

だから、なくしてしまえばいいんだよ。でも「彼女や嫁さんとケンカした」なんて事情が起きた場合なんかは、連絡を取らなくていいから良い逃げ場所になるよね（笑）

そんなことは冗談として、一応騎手は世間じゃ〝アスリート〟扱い。昔はなかったけど、今はドーピング検査やアルコール検査なども調整ルームでおこなわれます。先ほど飲酒については制限がないと言いましたが、飲み過ぎて決められた数値を超えてしまうと制裁の対象にな

56

ってしまいます。

だから飲む量は、当たり前のことですが、自己管理ですね。ドーピングにしろアルコール検査にしろ、すべての騎手が対象ではなく、毎週ランダムにＪＲＡ側が抽選をして４～５人ずつ検査することになっています。今までにこの２つの検査で引っかかった騎手はいないんですけどね。

ちなみに、ドーピング検査なんか、結局馬が走る競走なわけで、あまり関係のない感じもしますが、世間では薬物使用などで騒がれている方々もいるので「仕方ないかな」なんて思います。

それでも調整ルーム以外でも検査できるわけですから、やはりこの施設の必要性はあまり理解できないのが本音です。俺的には批判ばかりしていますが、実態を少しでもわかっていただけたらうれしいですね。今のＪＲＡは、なんでもかんでも海外競馬の真似ばかりしていま す。真似るのであれば、騎手たちの声をもっと聞いて、調整ルームなんて施設は、海外同様なくしても問題ないと思いますよ。

競馬ファンのみなさんは、どう思います？

北島三郎先生の道内公演で楽屋訪問

今回は騎手時代に可愛がっていただいた芸能界の方々を紹介しよう。

２０１６年は北島三郎先生の愛馬・キタサンブラックの活躍により、ＪＲＡの年度代表馬[※1]にもなりましたね。競馬が詳しい方はモーリスという馬が日本、海外とＧⅠレースを勝ちまくったので、この馬が代表馬に選出されると思ったことでしょう。

ですが、芸能界からはＪＲＡのホースオーナーでもある大御所の北島先生は、勝っても負けてもレース後に持ち歌である「まつり」を披露。もちろん、愛馬の活躍もありますが、貢献度からすると選ばれて当然かなと思いました。

俺も北島先生の馬にはたくさん乗せていただき勝たせてもらったり、

※1　その1年でもっとも活躍した馬に贈られる賞。全国の競馬記者クラブ11団体に所属する記者291人の投票により決定。3分の1以上の得票数を獲得した馬が授賞する。

58

北島三郎さん（右）の北海道公演の楽屋を訪れたときの記念写真（2016年）

引退した今でも気を遣っていただいて、北海道公演のときなんか楽屋に呼ばれ、お小遣いをもらったりと、大変お世話になっています。今後も北島先生の愛馬（冠名・キタサン）から目が離せませんね。活躍に期待です。

他にもいろんな芸能人の方が馬主をやってるんですよ。もう馬主をやめてしまいましたが、毒舌で有名な梅沢富美男さんの最初の所有馬・アイルビーバックに騎乗し、初勝利を飾ったのも俺でした。他にも風水でお馴染みのDr．コパさん。ちなみに奥様の愛馬の初勝利にも騎乗してたんですよ。

あとは、夏といえばＴＵＢＥですよね。そのヴォーカルの前田亘輝さんなどなど、いろいろな方にお世話になりましたね。

また勝せてあげることはできなかったけど、前川清さん、和田アキ子さん、陣内孝則さんなど、本当に芸能人の馬主は多いんですよ。

あ、そうだ！

人気テレビ番組の「深夜食堂」の主演でお馴染みの小林薫さんの所有馬・ジョリーダンス[※2]で重賞を勝っているのを忘れてましたわ（汗）

そんないろんな方の中でもTUBEの前田さんなんかは馬が特別に好きだったわけじゃなく、以前に「シービスケット[※3]」という映画を観て馬主に興味を持ったらしいです。この映画の内容は〝値が安くて周囲からダメ馬と言われていた馬が、大レースを勝ってサクセスストーリーを巻き起こす〟という実話が元になった作品です。

それを観て感動した前田さんはマネジャーを連れて行くわけでもなく、1人でJRA本部へ向かったそうです。どうすれば馬主になれるかわからない前田さんは、本部内でウロウロ。やっと免許課にたどり着いて「馬主になりたいんですけど」と、TUBE前田オーラ全開、バリバリ出して言ったらしいのですが、女性職員にアッサリと「馬主になるには、そこにある書類を書いて提出してください！」と強めの口調。オーラは通用せず――だって（笑）。「さすがは〝役所〟だよな」と笑いながら、前田さんは苦い思い出を話してくれました。もちろん、今でも馬主を続けてますよ。

※2　新冠町の錦岡牧場の生産。藤田氏が騎乗し、2007年の阪神牝馬ステークスを制した。通算成績は35戦7勝。

※3　2003年公開のアメリカ映画。タイトルの「シービスケット」は競走馬の名前。舞台はアメリカ大恐慌時代で、同馬と3人の男たちのドラマ。

前田さんの馬で4勝させてもらっている俺ですが、一度も一緒に記念撮影していないのが残念ですね。何度も競馬場に応援に駆けつけてくれたのですが、人気になれば勝てず、人気を落としたら勝つ……とタイミングが逆噴射して思い通りにいかなかったのが心残りでした。

そういう出来事もあり、前田さんには現在もいろいろな面で可愛がってもらってます。毎年の誕生日ゴルフコンペやパーティーにも招待してもらったり、プライベートで食事に誘っていただいたりと、楽しいことだらけです。

一番うれしいのは、騎手以外のプロアスリートをたくさん紹介してもらったことですね。おかげさまでオリンピックのメダリストとの交流や歌手仲間のみなさんなど、俺とは違う世界で活躍している方と知り合えるのは、本当に貴重な財産ですよ。

2016年なんか、競泳金メダリストのコースケ（北島康介）の盛大な引退パーティーに招待してもらったり、いろんな方々を前田さんは結びつけてくれます。本当に良き兄貴分です。

俺が北海道に移り住んでからは、これも前田さんの縁で知り

引退後も親交の深いTUBEのヴォーカル・前田亘輝さん（右）と一緒に

合ったスピードスケートの金メダリストのヒロヤス（清水宏保）と一緒にＨＢＣの番組で共演したりと、仲良くしてるんですよ。

ちなみにヒロヤスとは誕生日が一緒なんです。同じ札幌に住む元アスリートということで「なんかで北海道を盛り上げられたらいいな〜」なんて話をしたりしてるんですよ。

そんなわけで騎手をやってたからこそ今の人脈を持つことができたんですから、ＪＲＡにはこの部分だけは感謝ですね。正直、内部を知り過ぎているだけに嫌いですけど……。

まあ、そんなことはどうでもいいですが、馬主さんが芸能人って人は、俺が絡んできた方々以外にもまだまだいるんですよ。

馬主は〝道楽〟じゃなければできない

名アナウンサーで「スーパーひとし君」でお馴染みの草野仁さんもそうですし、競馬好きが山ほどいますね。やはり馬主になれる芸能人は〝稼いでらっしゃる〟ってことになりますね。

先に話したように2016年は北島先生の年でしたが、今後も有名人の愛馬が活躍することになればJRAも盛り上がるし、売り上げも伸びると思います。競馬好きな方は活躍している馬のオーナーを調べてみるのも面白いかと思います。

でも、芸能人に限らず、馬主[※4]になるにはいろいろな条件をクリアしないといけません。とくに金銭面ですね。1頭所有するのに馬代はもちろん、毎月の預託料が最低でも60万円かかるわけですから、愛馬が活躍しないと赤字同然の世界。こうやって俺のように引退して外から競馬社会を見るようになって、馬主というのは道楽じゃないと無理だなって思います。結局、お金が余っている人間しか取得できない資格なんですよ。

というわけで、今回は芸能人と俺のつながりについて話しましたが、どんな方々でも馬主として成功する人は少ないわけで、ただ見ているだけなら、うらやましい限りの世界に思うかもしれないけど、リスクが大きいことも知ってもらいたいね。

※4　JRAの個人馬主登録資格は、所得金額（収入金額ではない）が過去2年において、1700万円以上、所有資産が7500万円以上あること。馬主登録審査は4月、7月、11月の年3回おこなわれている。

64

レース後の夜は地方競馬騎手と交流会

日本での競馬は、ＪＲＡ日本中央競馬会、そして全国さまざまな場所で開催されている地方競馬の２つの組織に分かれています。

主にＪＲＡは土日におこなわれていますが、地方競馬は平日に開催していることが多いですね。なぜなら、やはり売り上げの問題です。毎週土日にテレビで放送されている中央競馬。バブル時代には４兆円産業でもあり、地方競馬とは売り上げの差が歴然。だから中央競馬の開催日じゃない平日におこなわれるのが現実的かな。

どちらの競馬会もレースにおいては変わりないですが、大きな違いは賞金額[※1]の高さです。騎手を志す者としては、やはりテレビに映ってＧＩの大レースを勝ちたい。世間から脚光を浴びたくて、中央競馬の

※1　ＪＲＡでもっとも賞金額が多いレースは、ＧＩの有馬記念とジャパンカップの３

騎手課程である競馬学校を目指します。

学校に合格すると厳しい3年間が待ち受けています。厳しいといっても俺の場合は、中学卒業後すぐに1年間牧場で働いてから競馬学校に入学したので、牧場時代のほうがよっぽどつらかったけどね（笑）

地方競馬で活躍している現役騎手のみなさんも、最初は中央競馬の騎手課程を受験している方が多くいると思いますよ。そこで合格できず、騎手の道をあきらめきれない者は地方競馬全国協会（NRA）の騎手課程を目指すことになります。

地方競馬の学校は中央の競馬学校より短く2年間です。そもそもJRAは農林水産省が管轄する特殊法人ですが、地方競馬は競馬場が所在している自治体が主催しています。ですから、売り上げが伸びずに閉鎖[※2]される競馬場も多々あります。

なくなってしまった競馬場に在籍した騎手なんかは、他の競馬場に移籍したり、そのまま引退してしまう方々とさまざまですが、調教師においては詳しく知りません。

現在、中央と地方の交流[※3]レースが増えました。両競馬会のファンが

億円。

※2　2000年代前半に地方競馬の廃止が集中。中津競馬と新潟県競馬（2001年）、足利競馬と益田競馬（2002年）、上山競馬（2003年）、高崎競馬（2004年）、宇都宮競馬（2005年）がそれぞれ廃止された。2010年代は、

応援してくれるおかげで、地方競馬の売り上げも安定していると思いますよ。

団体は違えど騎手同士の仲が悪いわけでもなく、イベントなどの招待レースの夜なんかは、和気あいあいのドンチャン騒ぎをして、互いの競馬会について語り合う機会も少なくないんです。

ただ、騎手を目指す者は絶対にJRA所属が目標というわけじゃなく、出身が地元、親が地方競馬在中などなどいろんなケースがあるので、すべての方々ではないということも理解してくれたらうれしいですね。

帯広のばんえい競馬盛り上げに一役

そして、競馬は競馬でも、ここ北海道の帯広市には世界に1つしか存在しない「ばんえい競馬」[※4]があります。サラブレッドの約2倍の体重にあたる1トンのばん馬が、何百キロのオモリをソリに乗せて競走する

荒尾競馬（2011年）と福山競馬（2013年）が歴史に幕を下ろした。

※3 現在、10の交流GIが地方競馬場で開催されている。また、11月には地方競馬の祭典「JBCデイ」と銘打って、1日に3つのGIを開催。中央のダート有力馬も出走し、人気を集めている。

※4 ばんえい競馬は2000年度まで、帯広のほか、北見、岩見沢、旭川の各競

レースです。

もちろん、ソリの上には騎手が乗っています。その騎手の方々も地方競馬の同じ学校を卒業しないといけないんですが、体重制限が違うんですよ。競馬会で乗るのとは違い、ばんえい競馬の騎手は平均70キロ前後で騎手になれるんです。みなさんが思う騎手っていうイメージと違うでしょう？

ちなみに普通の騎手の体重は平均50キロくらいです。でも地方競馬の競馬法や競馬の仕組みなど、同じカテゴリーを勉強しないといけないので、プロアスリートには変わりありません。

そんな巨大な馬や騎手が盛り上げるばんえい競馬。10年くらい前から「ＪＲＡジョッキーＤＡＹ！」という企画が開催されています。

その発起人になったのは、自慢じゃないけど俺なんですよ！

「同じ馬の力でメシを食っている仲間同士、もっと深く交

馬場で巡回開催。２００７年度からは帯広市単独で開催しており、売り上げも年々拡大している。

ばんえい競馬のエキシビションレースで騎乗する藤田伸二氏

JRAとばんえい競馬所属騎手が一緒に記念撮影

流があってもいいでしょ」ってなコンセプトで続いています。ＪＲＡの騎手がばんえい競馬のエキシビションレースに参加することによって、お客さんが帯広競馬場に普段よりたくさん足を運んでくださることにより売り上げも伸びるので、貢献しているのではないでしょうか。

俺は現役を引退したので２０１６年から参加できていませんが、なんらかの形で今後も協力していこうと思っています。本当に世界に１つしかない貴重な競馬なので、行ったことのない方はぜひとも一度、見に行ってほしいですね。

レースは直線２００メートルで実施され、大小２つのバンク（坂道）を目の前で駆け上がっていくさまは、掛け値なしに迫力満点ですよ！

このレースが終わると中央競馬とばんえい競馬の騎手同士の打ち上げで、帯広市内でお酒を飲みながらのドンチャン騒ぎも毎年恒例で、楽しみの１つでもあります。そこには帯広市の市長さんまで参加するほど力を入れてくれているので、ぜひぜひ「ばんえい競馬」を盛り上げましょう。

余談ですが、ばんえい競馬の騎手のみなさんは、さっきも話したように70キロぐらいあるので、普通の騎手と比べると、大人と子どもぐらい体格差があるのも面白いですよ。

もちろん、飲む量・食べる量も、俺の仲間だった普通の騎手たちよりもハンパじゃないですから。まあ、一般の方々と一緒ですね。

このように競馬界や騎手同士の交流は、今後も全国各地の競馬場がある場所で、もっともっとやるべきだと思います。競馬ファンのみなさんが馬券を買ってくれるおかげで成り立っている世界ですからね。

そんなわけで、今回は競馬のいろいろな違いや騎手同士の交流などについてお話ししましたが、これを読んでくださっている読者のみなさんが、競馬の世界に興味を持ってくれたらうれしいですね。

俺も北海道に帰ってきて4年が過ぎようとしています。自分のBARに来てくれるお客さんからも、道内の魅力をたくさん聞いているので、今後またいろいろ紹介していきたいと思います。

JRAの騎手も参加してトークイベントも開催された

故郷・新冠にある2つの〝世界一〟

今回は自分の出身地である北海道・新冠町[※1]を紹介しようと思います。新冠といえば「サラブレッド銀座」と呼ばれるほど牧場がたくさんあります。俺は小学校を卒業するまでしかいませんでしたが、のどかで緑豊かなまちですよ。

騎手時代に〝日本ダービー〟を勝たせてもらったおかげで、新冠町から「町民栄誉賞」までいただいているんです、実は今回「新冠町は牧場だけじゃないんですよ」ってことを伝えたいと思ってペンを取りました。

なんと新冠町には世界一といわれるものが2つもあります。1つ目

※1　人口は約5700人。サラブレッド生産が盛んで、ピーマンの生産量は道内一を誇る。

は「太陽の森ディマシオ美術館」です。一人の画家によって描かれた世界最大とも言われる油彩画があるんです。なんとその大きさは縦9メートルで横27メートル！

　廃校になった「新冠太陽小学校」を再利用してつくられた美術館で、まちの中心部から車で40分ぐらいかかるほど山奥にあります。行くのは大変ですが、世界一の作品なのでぜひ見に行っていただきたいですね。俺自身は、フランス・パリにある「ルーヴル美術館」[※2]にも行ったことがあり、そこにもたくさん大きな作品はありましたが、それ以上のサイズと聞いてビックリしましたね。

　足を運べない方はインターネットを見てください。作品の大きさと人とのサイズ感が確認できるのでるので、ぜひのぞいてみてはいかがでしょうか。

　2つ目は「新冠レ・コード館」です。1989年頃、時代はレコードからCDへと移行しつつあり「20世紀の文化遺産であるレコードを世界的なスケールでコレクションしましょう」と、一人のレコード愛好家の希望をかなえるために設立された施設なんです。

※2　1793年に開館した世界最大級のフランス国立美術館。来場者数は毎年800万人を超え世界一。「ミロのヴィーナス」やレオナルド・ダ・ヴィンチの「モナ・リザ」などが収蔵されている。

ここに展示されているレコードやCDの数が1997年に開館して、なんともうすぐ100万枚を超える勢いらしいのです。それが世界一なんだそうです。わが故郷・新冠町は、まちづくりにも力を入れている素晴らしいところなんです。

ほかにも「レ・コードの湯」[※3]という温泉など、俺がいるときには存在しなかった施設がたくさんあって、観光客が増えていると聞いて大変喜んでいます。

この2つの世界一の話は、新冠町長の小竹国昭さんが俺のBAR（ファヴォリ）に足を運んでいただいたとき、話をしてくれました。

ですが、この2つの施設——〝なぜ、新冠町なのか？〟という疑問を、町長が喜んで話をしてくれている顔を見ると、どうしても聞けなかった……。

そして、もう1つ。新冠から4キロほど離れた新ひだか町には全長約8キロ（直線で約7キロ）もある「二十間道路桜並木」があります。

ここは歴史も古く、俺が子どもの頃からあった場所なので、貧乏少年だったチビッコ伸二くんは、よく知らない方々のお花見にお邪魔し

※3　地下2000メートルから温泉を掘り当て、1998年に開館。ログハウス風の建物で町内の高台に位置する。隣接するホテルに宿泊も可能。

て、ジンギスカンを食べさせてもらったものです。この桜に囲まれた道路は、確実に日本一といえるでしょう。

北海道は、みなさんが知っての通り桜前線が本州に比べて遅いので5月上旬が見頃です。

先ほど紹介した新冠の美術館は4月から開館なので、レ・コード館、美術館、桜並木といった順番で見学に行って、新冠温泉でゆっくり休むって感じのプランはどうでしょうか。

周囲にはたくさん牧場があるので、馬好きな方も有名なサラブレッドが見られますし、心も癒やされるでしょうし、オススメです。行ってみたくなってくれたらうれしいです。

道営競馬で現役復帰!? 男・藤田は"旅の途中"

話はガラッと変わりますが、2017年3月14日、ヤフーニュース[※4]のトップに「藤田現役復帰!」と世間が騒いでくれました。

※4　2017年3月14日付サンケイスポーツが「超異例！藤田伸二氏、ホッカイド

ウ競馬で騎手復帰へ」と報じた。

ナイターで開催されるホッカイドウ競馬

この場を借りて少し真意を説明したいと思います。この記事はもちろん自分で発表したわけじゃなく、誰かがタレ込んだのが事実です。騎手を引退して1年半が過ぎ、自身が経営しているＢＡＲに全国各地から競馬ファンが来てくださり、いろいろな話をしてくれます。今は馬券を買える同じ立場の人間としてレースを観ていると、現役のときとは気持ちが全然違うわけです。

年齢的に身体が衰えたからやめたわけじゃない俺は、日本中央競馬会（ＪＲＡ）には未練なんてこれっぽっちもないんですが、「お前に乗ってもらうために馬主免許を取ったんだぞ!」なんて方々が多数いました。

ならば、ＪＲＡの過去の成績なんてすべて洗い流した上で試験を受ける決断をし、生まれ故郷でもある北海道に所在する門別競馬場（ホッカイドウ競馬）[※5]で〝騎手として復活し

※5　毎年4月～11月の期

たい〟と強く思うようになったのです。

そして、「北海道をはじめ、地方競馬を盛り上げていけたら、なお最高だろうな」とね。でも、もし試験に合格して騎手として復活したとしても、現在頑張っている門別の騎手たちを脅かしたり邪魔するつもりは、まったくありません。ただお世話になった、たくさんのオーナーの愛馬に乗り、忘れられない恩を返したいだけ。それが本音です。

とにかく今回の件、JRAからホッカイドウ競馬への復帰が実現するのであれば、前代未聞のことです。注目を浴びることは間違いないでしょう。その期待に応えて、門別競馬場のスタンドに入りきれないほどファンのみなさんに来てもらえれば、売り上げもアップすると信じています。

微力ながら、男・45歳[※6]の新たなる旅立ちを見届けてほしいと思っていますので、温かい目と気持ちで応援してくれたらうれしいです。

藤田伸二は、まだ〝旅の途中〟です。


間でナイター開催される。2017年度は4月18日に開幕し、「北海道スプリントカップ」や「ブリーダーズゴールドカップ」など、JRAとの交流重賞もおこなわれる。

※6 連載時(2017年)の年齢。

76 夏競馬の道内滞在は騎手や厩務員の楽しみ

今回は夏競馬[※1]について話そうかな。

最初に始まるのは函館競馬なんだけど、馬や厩務員さんたちは担当している馬と一緒に、開催日の1カ月前には競馬場に入厩するんだ。だから3月の終わりくらいには行きたい人たちがソワソワして「俺の持ち馬じゃ今年は行けないな」とか「俺は2歳馬を担当してるから行けるで」なんて、周りの話は函館競馬のことばかりになる。

函館、札幌と、ずっといられる人は約4カ月北海道に滞在できるわけで、行ける厩務員さんは1年の中でも最大の楽しみなんじゃないかな。みんなが毎年言うことは「北海道は食べものがなんでもおいしい」「函館なら活イカを食べたい」、そして「気候が涼しくて過ごしやすい」

※1　6月中旬から9月の中旬の期間に施行される競馬のこと。競馬場は札幌、函館、福島、新潟、小倉で、ローカルで開催される。8月には毎年GⅠ級のメンバーが出走する札幌記念（GⅡ）などの重賞もおこなわれる。

っていう理由が多いかな。

騎手の連中は、始まる週の月曜日に移動する者がほとんどです。俺も25年間騎手をやっていて、23年間ぐらい夏競馬で北海道に通ったものです。今は函館から始まりますが、昔は札幌からスタートだったので、札幌のレースで賞金を稼いではススキノで使いまくり、函館に行くときにはおカネがない……なんてこともありましたね（汗）

やはり札幌より函館のほうが物価が少し安いし、函館競馬から始まるようになってからは、函館で頑張っておカネをためて、札幌で散財するってな感じで遊んでました。俺の場合は嫁さんが札幌出身だったので、なかなか派手には遊べなかったかな……。

でも、なんで俺が北海道にこだわっていたかというと、やはり涼しくて過ごしやすいのが一番の理由です。昔の函館のまちは駅前の大門が栄えていたのに、今じゃ五稜郭のほうが繁華街になり、逆転したイメージの

目の前に市電の駅があり、交通アクセスが抜群の函館競馬場

街並みになっていますよね。

バブルが弾けて、以降は五稜郭のほうも随分寂しくなった気がしますね。でも、競馬人にとっては毎年通っている店に挨拶に行ったり、昼は涼しい中でゴルフ三昧など、本当に楽しみな時期なんです。今でこそ、夜景が有名な函館山も車で上がるのに規制がかかっているみたいですが、当時はよく通ったものです。それに立待岬なんか普通に車で上がると広い駐車場があって、そこは若い男女のナンパスポットにもなっていたので、後輩なんかとよく足を運んだ覚えがありますね。

今は立待岬も車の規制がかかっているみたいですよ。

函館のウッドチップで調教して札幌に移動

なんか遊びの話ばかりしていますが、真面目な話も少ししないとね。

夏競馬の始まりは新潟、小倉より函館が一番早いわけで、それに次年の「日本ダービー」やクラシックレースに向けての大事な新馬戦も一番先にスタートします。そこで騎手たちは切磋琢磨し「最高の相棒とめぐりり会えるか」と、とくに力が入るのが函館競馬の魅力といっていいでしょう。

函館や札幌の競馬場は、もちろん1年間で2カ月ずつしか使用しないので、全国の競馬場より利用期間が短いぶん、新潟、阪神、小倉より芝生の状態が良好で、比較的力のある馬が強いと言われていた時期もありました。芝生がよく根付き、重い馬場だからです。

今は各競馬場の馬場の管理も昔に比べたら進化しているので、どこでデビューしようが力関係はわからないです。でも、馬も暑いより涼しいほうがいいでしょうし、北海道組の馬を自然と応援したくなりますよね。

そして、函館には調教馬場にウッドチップコース[※2]があるので、馬の脚に負担がかからないし、ましてや滞在[※3]しているということで、レースのための輸送もない。馬にストレスがかからないのが良い部分だと思います。なので、札幌が始まっても、調教重視の厩舎なんかは函館で仕上げて札幌に輸送するってことも多いんです。

※2　走路に粉砕された木片を敷きつめた馬場。日本でも調教用馬場として多く用いられている。ダートコースに比べてクッションが効き、馬の脚への負担が少ない。

※3　レース当日以前に、あらかじめ当該競馬場に入

札幌にはウッドチップコースが1周500メートルの角馬場しかないのも理由の1つでしょう。函館のスタンドが新設され、グランドオープンしてファンの数も増えたと聞いています。なにせ[※4]日本一空港から近い競馬場ですからね。

札幌の調整ルームを建て直してほしかった

[※5]札幌競馬場のスタンドも2014年に建て直されキレイになりました。競馬ファンはぜひ行ってみてはいかがでしょう。俺は行ける立場じゃないですけどね（笑）

でも、札幌のスタンドが新設されたとき、まだ現役だった俺は騎手たちの宿舎である「調整ルーム」だけ、なぜ建て直してくれなかったのかが意味不明でしたね。あんな立派なスタンドをつくったなら、日本一汚い札幌の調整ルームも新しくしてほしかった……というのが騎手連中全員の声です。

厩してレースに臨む。輸送が苦手な馬を落ち着かせる効果がある。中山、東京、阪神、京都の開催の場合、美浦あるいは栗東のトレーニング・センターから当日輸送するケースが多い。

※4　函館競馬場までは車で10分。競馬開催期間の「函館―羽田」間は競馬関係者で混雑する。レース中に飛行機が競馬場の上空を通過することもある。

※5　2014年のリニューアルではスタンドだけではなく、パドックも一新された。馬の脚元付近の低い視点から見られる「ダッグアウトパドック」を新設。競馬開催中、ポニーやどさんこなどの展示もおこなっており、家族連れでも楽しむことができる。

正直、ムダなところにおカネを使って身内の部分は経費削減。ＪＲＡのＣＭを見ても、大金を払って芸能人を使ったりしないで、競馬界のスターである武豊さんなど騎手連中を使ったＣＭを制作するほうが、ファンのみなさんも喜ぶだろうし、経費削減にもつながるはずだと思うんですけどね。今流れているＣＭを見ても、ハッキリ言って意味がわからんというのが本音です。

そんなワケで、夏は競馬ファンのみなさんにとっても楽しみな時期が始まるといえるのではないでしょうか。北海道のために道外のお客さんが函館や札幌の競馬場に来てくれて、さらにたくさんおカネを使ってくれたら、地域の活性化にもつながりますよね！

もちろん、俺が目指している門別競馬もナイターで開催しているので、ぜひ観戦に行ってほしいものです。

俺はひっそりと9月にある騎手免許1次試験に向けて奮闘中です。でも、いくつになっても勉強は嫌いですわ（汗）

札幌競馬場のメーンスタンドは2014年に全面リニューアルされた

9月の騎手免許試験に向けて勉強中

前回、門別競馬での騎手復帰話について少し触れましたが、9月に予定されている試験に向けて、勉強にも力を入れないといけない今日この頃。夜は自分のススキノの店に出勤しなきゃいけないし、結構バタバタな生活を送っています。そんなわけで今回は「伸二くんの一日」ってテーマで書いてみようかと思います。

まず、騎手時代は朝[※1]が早いのは当たり前で、昼間は意外にもヒマだったので自由時間がたくさんあったけど、今はBARをやっているおかげで毎日の就寝時間は朝6時から7時。起きるのが14時から15時ぐらいかな。

騎手のときから体力の衰えはないと思いますが、運動する量が減っ

※1　JRAの騎手はレースのない平日でも、美浦や栗東のトレーニング・センターで競走馬の調教などをおこなっている。朝5時すぎからスタートし、午前中のうちに終了する。

たのは事実なので、週に2~3回ジムに行って身体を鍛えています。

ジムに行く日は16時くらいから2時間ビッシリ鍛えて、筋肉のゴールデンタイムと呼ばれるジム終了から2時間以内に食事を摂ります。だから一日の食事はこの18時前後の一度だけ。普段から間食もしない俺にとって、唯一の楽しみな時間でもあります。

基本、料理をつくるのが趣味であり好きなので、自炊が多いですね。そして、食事のあとは風呂に入り、出勤準備をしてBARのお客さんの予約状況を確認。早い時間から予約が入っていないときは出勤までの数時間を勉強に充てる、って感じの生活です。

勉強は地方競馬の専門学。馬学、馬術、競馬施行規定、競馬の仕組みなどなど、覚えることが山積みで四苦八苦しています(汗)

JRAの騎手免許試験とはまた少し違うと思うので、なにから手をつけていいやらわからず、大変ですわ。実技試験である〝馬に乗ること〟はなにも心配していないんですが、やはり45歳のオッサンの脳が勉強ともなると記憶力が……。とにかく大変です。でもチャレンジするからには全力で挑むので、見事合格したあかつきには応援よろしくお願いします！

ロードバイクで自宅からススキノに通う

こんな感じの一日ですが、やはり付き合いも多くゴルフの誘いもたくさんあって、寝不足でのラウンドは正直キツいですね。でも自分自身、身体は20代だと思っているので平気ですよ。

最近、自転車を購入しました。天気のいい日は、ジムはもちろんですが、札幌ドーム近くの自宅からススキノの店まで自転車で通っています。ロードバイク[※2]と呼ばれる自転車で、タイヤも細くてめちゃ速いんですよ。これに乗って、馬に乗るための下半身の強化にも努めています。

本当に騎手のときよりハードな生活なので、一日一日がものすごく早く感じます。大きな違いは騎手のときは土日しか仕事をしていない状態だったので、平日がヒマすぎて時間を持て余していたんですが、

※2 舗装道路での高速走行を目的に設計された自転車。一般的なシティー車と比べて軽量だ。また、ギアの変速段数も多く、さまざまな乗り味を楽しめる。

今は店の定休である日曜以外は毎日仕事。時間に追われている感じなので、日々が過ぎるのが早くて当たり前かな。それより充実していると言ったほうがいいかもしれませんね。

こんな生活のためなのか、鍛えすぎているためなのか、引退後、久しぶりに体重を測ってみたところ、現役のときは51キロあった体重が49キロに……。太っていないのは復活に向けていいことですが、もう少し増やしても大丈夫なので「1日2食にしようかな」なんて思っています。でも、食が細くて無理なんだよね。それより規則正しい生活に戻すのが、今後、復帰に向けて最大のテーマになりそうですわ。

乗馬にも行ってきましたよ。23歳の女の子が代表を務めている「真駒内乗馬クラブ」というところで、引退後初めて馬に乗ってきました。久しぶりといえど、身体は勝手に馬の動きについていくもの。やはり俺は元プロ騎手。なんのブランクも感じなかったし、逆に新鮮な気持ちになり楽しかった。2年弱ぶりの馬上、馬の匂い……。なんともいえない感覚だったね。

購入したロードバイクにまたがる藤田さん

なによりうれしかったのは、乗せてもらった馬がエックスマーク号[※3]といって、俺が現役のときに騎乗して勝ったことのある馬だったんですよ。より感激だよね。

だけど俺は、もともと騎手だったくせに「動物アレルギー」。可愛がっていた愛犬まで手放さないといけないくらい症状がキツかったんですよ。毎週のように馬と触れ合っているときは大丈夫だったのに、長いブランクで免疫力が低下していたのか……。

馬の汗が肌につくと、あちこちに湿疹が出て大変でした。そのあたりも慣れていかないとね。やはり生活スタイルが変わるだけで、いろいろと身体の弱い部分もわかるし、勉強だけじゃなくこれから大変ですわ。

乗馬の翌日、ベッドから起き上がれず……

それより大変だったのが、乗馬した翌日でした。乗馬で使う筋肉は

※3　2009年3月16生まれ。現役時代の馬主は金子真人ホールディングス、角居勝彦調教師の管理馬だった。通算成績は36戦5勝。重賞勝ちはないもののオープン馬として活躍。2016年6月のエプソムカップを最後に現役を引退した。

ジムや自転車で使う筋肉とはまったく違うわけで、さすがにブランクが長すぎたのかビックリするくらいの筋肉痛。ベッドから起き上がれないほどのダメージだったんですよ。

馬に乗ることは身体全体を使う全身運動。あらためて「騎手ってすごいなぁ……」と他人事のように感じましたね。よく25年もやっていたよ。今後それにチャレンジしないといけないわけやし、やる気しかない。泣き言なんか言ってられないしね。

そのわりに、今回は「大変」て言葉を多く使っているあたり、まだ弱い部分があるんだよな。正直、不安材料はたくさんあるけど、門別競馬や北海道のためにも、俺が協力して力になれるのなら頑張るしかないでしょう。

そんなわけで、今回は「伸二くんの一日」ってテーマで書かせてもらいましたが、絶対に不健康だと思っている読者のほうが多いんじゃないかな。マネはしないでくださいね。では日々勉強の身の俺ですが、もう一度〝勝負服[※4]〟を着ている姿を見せたいですね。期待してくださ い。旅路は長いっす!

※4 レースで騎乗する際に騎手が着ている服のこと。JRAの場合、「勝負服」は騎乗する馬の馬主によって決められている。一方、地方競馬では馬主ではなく、騎手ごとにデザインが決まっている。

騎手の宿命、見た目が派手な落馬は軽傷

88

門別競馬の騎手として復帰を目指し、日々ジムやロードバイクなどで鍛えまくっています。試験もあと1カ月後に迫ってきました。約2年間のブランクをどのように克服しなきゃいけないのか、まずは体づくり。そんなワケで今回は〝肉体改造!〟ってテーマで書いてみようと思います。

みなさんがイメージしている騎手像とはどんなものでしょうか。身体は小さくて体重が軽い。運動神経がいいなどなど、そんなふうに思っている人は多いはず。ですが、騎手も十人十色で、いろんなタイプの人たちがいます。

やはり〝無事是名馬〟なんてよく聞くフレーズですが〝無事是名騎

手〟って言葉のほうが、騎手にはしっくりくる感じですね。なにせ体が丈夫じゃないとね。

俺自身も現役のときは骨折が5度ありますが、軽いものばかり。長期間休んだことがありません。ちょっとしたことで3カ月の騎乗停止処分になったことはありますが……。

ケガの話では、俺の騎手人生は「運がよかった」としか言えないですね。仲間の中には落馬で頭を打ち、脳挫傷になって障害者になってしまった人や亡くなった人など、たくさん見てきました。

ほかにも大腿骨など太い骨を折ることで長期間休まざるを得ない場合もあります。そのあたりだけを見ると、本当に危険な職業に変わりありません。とにかくどんなに丈夫な体を持っていても、落馬をしたときの落ち方や打ち所によっては大ケガにつながります。

テレビで落馬の映像を見たことがある人に1つ教えましょう。実は見た目が派手な落ち方ほど軽傷で済むことが多いんですよ。それは派手に転がりながら落ちることで、身体の衝撃が分散されるからです。

一番怖いのは、見た目が〝ドスン！〟という地味に見える一撃の落

ウエートトレーニングに励む藤田さん

馬ですね。その場合、打ちどころが悪いときは必ず〝イビキ〟をかいていて脳挫傷につながるケースが多いのです。

いろいろなプロスポーツがありますが、体験してきたからこそ一番死と隣り合わせの職業だと自分では思っています。そんな世界にもう一度挑戦するということは、それ相応の覚悟が必要なわけです。だから迫ってきている試験に向けて、勉強も大事ですが、身体づくりのほうにより慎重に取り組んでいるんです。

約30㌔の鎖をクビにかけてトレーニング（左）と鍛え抜かれた藤田さんの肉体

目指す肉体は『北斗の拳』のケンシロウ

まずは前回も触れましたが、最近も乗馬に行っています。馬に乗ったあとの筋肉痛がどの部分に出てくるのか。

基本、馬に乗ると身体全体の内側（内転筋）に負担がかかります。

自身の年齢のこともあるけど、現役の頃以上の肉体をつくりあげないと通用しないだろうと思っています。だからこそ目指すはケンシロウ(『北斗の拳』)なのです(笑)

筋肉[※1]は脂肪より重いので、体重が増えることを心配してくれるジム仲間もいますが、もともと体重50キロ前後しかない身体なので、問題はありません。騎手としてはゴリゴリマッチョな肉体は必要ないんですが、体幹と内転筋中心にトレーニングしていると、自分自身に欲が出てくるというか、外見も〝ド肝を抜いたろうか!〟ってな感じになっちゃったんですよ。

騎手仲間では、先輩である武豊さんなんかは身長が170センチ、51キロぐらい。見た目はスマートな人もいますが、彼のように背が高いと必要以上の筋肉をつけると体重が増えるので、細くて強く、なおかつ体幹重視な体をつくらないといけません。競馬学校を卒業してすぐの頃は、ユタカさんが現在の体をつくりあげるまで大変苦労していました。俺がデビューした頃には、いつもサウナで見かけた覚えがあります。

2016年、晴れて調教師試験に合格したユタカさんの弟・幸四郎[※2]

※1　筋肉は脂肪の1・1倍の重さがあるといわれる。しかし、筋肉が増えると基礎代謝が高まる。消費カロリーが増えるので太りにくい体になる。

※2　1978年生まれ。

なんか177センチもあったので、もっと大変な思いをしたんですよ。我慢に我慢を重ねて、2人とも30歳前には体重が落ちついたらしいです。その苦労話を聞くと、自分は背も低いし体重の面でも恵まれていたといえるでしょう。

ほかの仲間たちもさまざまで、見た目は少しポッチャリに見えるけど、体脂肪率が10％を下回る人や、背が低いのに骨太のおかげで見た目以上に体重に苦しむ人まで、いろんな騎手がいます。昔の騎手の方々には失礼ですが、ズングリムックリ系な体形の人が多かった気がします。

平成生まれの騎手はスマートでカッコイイ

最近の若い騎手たちは〝新人類〟と言いますか、平成生まれの子たちは背も高いしスマート。なにより脚が長いしカッコイイ。時代なのかどうかはわからないけど、昭和生まれの俺とは間違いなく身体つき

1997年にデビューし、JRA通算693勝。オークス、秋華賞などのGⅠも勝利。2017年2月に現役を引退し、調教師に転身した。

が違います。そんな昭和生まれ代表として、現在の若者にも驚かれるような肉体美になって復活しようと日々精進してます。
そんなワケで、ちょっと勉強のほうは苦労していますが、90ページの写真を見てもらえばわかるように、肉体改造は順調に進んでいます。正直、鍛えていて一番ツラいのは、持久力の自転車なんですけどね。
まだまだ目標の「ケンシロウ」には遠いけど、復活したときにはみなさんにビックリしてもらえるように、四十代半ばのオッサンは今後も頑張ります。期待してくださいね！

94 夏休み気分の関係者が多い北海道シリーズ

札幌競馬も盛り上がっているようだね。俺は競馬場に行くことはないが、毎年、夏の時期になると後輩騎手や調教師、厩務員さんなどなど、昔の仕事仲間がお店に来てくれる。それがもう夏の風物詩のようになっているかな。

函館競馬に札幌競馬、関係者は滞在競馬でもあり、レースの成績も大事だけど、ある意味「夏休み」って気分の人たちが多いと思うよ。やっぱり北海道は食べものもおいしいし、過ごしやすいものね。もちろん、北海道が故郷でもある馬たちにとっても、水も空気も合うんじゃないかな。

数年前から16週間だった北海道シリーズが12週間に減ってしまい、

関係者のみんなはガッカリして嘆いている人が多いね。そりゃあ遊びたいよね。

ススキノにはビアガーデンもたくさんある。そして、クラブ活動もしないと……。もちろん〝夜の〟ね（笑）。欲望の歓楽街が競馬場の近くにあるんだから、栗東や美浦から遠征してくるとハメを外したくなるものだよ。

2017年も札幌に来るのを楽しみにしていた後輩が、札幌開催の前の週に中京競馬場で落馬して、骨盤を3カ所も骨折するという大ケガ。全治3カ月だって……。彼の夏休みはベッドの上ってことになり、残念過ぎるよね。あれだけ札幌を楽しみにしていたから、ショックも大きいだろう。

JRAも売り上げの問題なのか、秋のGIレースのトライアルに合わせてなのか、わからない部分が多いけど、札幌競馬場においては2014年に何十億円もの金をかけてスタンドを建て直し、グランドオープンしたばかりだというのに、開催日数まで減らすとは意味がわからんよね。

やはり売り上げの問題だろうなあ。あんなにきれいなスタンドなのに、騎手たちが泊まる調整ルームだけはボロボロのまま……。その部分だけは騎手連中たちも怒っていたよ。馬主が馬を買い、お客さんが馬券を買ってくれてこそ成り立っている世界なのはわかるけど、騎手はどこまでいっても〝花形〟なんだから、泊まる施設ぐらい一緒に建て直してくれてもいいと思うけどね。昔から騎手にとっては冷酷だよ、ＪＲＡは。

そんなわけで俺の「夏休みは？」というとなんもなし……。毎週日曜を休日にしている俺のＢＡＲも、競馬を観戦するために他府県から来てくれるお客さんと競馬関係者など、日曜の夜も出歩いているので休めないのが現状だね。だから毎年、夏の時期だけは忙しいんですよ。

そんな中、昼間はたまにゴルフに行ったり、小樽の友だちが所有するビーチに行って遊んだりと、寝不足状態が続く生活。楽しいけど、結構しんどいですわ。

もちろん、ジムや乗馬、自転車に、勉強に、ラジオ番組[※1]などもあるし、ハードだね。たまには家族サービスも……とか考えている時間も

※1　2017年7月から2019年3月まで、HBCラジオの番組「藤田伸二の生

なく、身内には迷惑かけていると思うし、申し訳ない気持ちだよ。

食事は一日一食、自宅での料理が楽しみ

それより、いよいよ地方競馬の騎手[※2]1次試験も迫ってきているから、最近は気持ちが追い込まれてきているのが本音です。だけど、それらに打ち勝ってこそ「男」でしょ。引き続き頑張りますよ。だから俺にとっての夏休みなんてあるわけがない。うまくいって1次・2次試験をクリアできたら、12月くらいには少しゆっくりできると思うので、それまでの辛抱ですわ。よく言えば「忙しいことは良いこと!」って感じでとらえてますよ。

そんなバタバタの毎日を送っているわけですが、最近ハマっていることがあるんですよ。

それは「料理」です。

ヤンチャな俺からは想像できないでしょうが、意外になんでもつく

涯、ヤンチャ主義!」(毎週日曜午後8時から放送)でパーソナリティを務めた。

※2 ホッカイドウ競馬での現役復帰を目指している藤田氏。9月に筆記と実技試験がおこなわれ、年内には合否が判明する。

れるんですよ。前にも書いたように、俺の食事は一日一食。できるだけコンビニとかには頼らずに、材料を買ってきて冷蔵庫の中を見て、あるものでなにかをつくるのが楽しみ。というか、レシピを見ないでいろいろな料理をつくってみる。そして、一人で満足するのが趣味のようになってます。

　ジムに行ったときにはプロテインとか飲みながら身体を鍛えているんですが、プロテインは満腹感がハンパじゃないので、普通の食事がとれる胃のスペースを奪われてしまうわけです。よほど俺の胃が小さすぎるのかもね。だから普通の食事をつくって食べて、プロテインは飲まないようにしています。

　いろいろつくると言っていますが、本当に煮物から炒め物までなんでもできるので、一日で一番楽しい時間かもしれないね。なにせ一日一食の生活だから。

　そんなこんなで、試験に向けて身体の仕上がり具合は70%といったところかな。

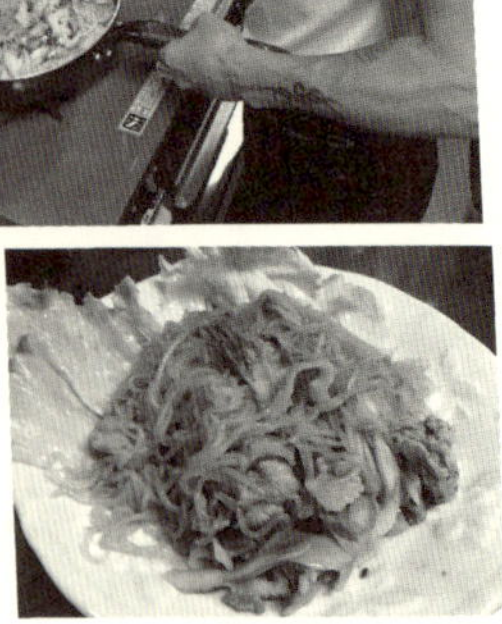

お店の厨房でスタッフのために料理をつくる藤田さん。この日のメニューは豚肉と白滝と舞茸の炒め物

最近の体重も49キロで落ち着いてきたし、やはり勉強のほうだけが心配だよ。教材を眺めても、なにから手をつけていいやら、覚えたらいいやら。悪戦苦闘だよ（汗）。やはり45歳の脳細胞が悲鳴を上げてきてる。試験を受けるのは一度きりと決めているから、今が踏ん張りどころなんだ。

なじみのお客さんたちからも「復活楽しみにしてます。もう一度、馬に乗っている姿を見たいです！」なんて応援されちゃうと、逃げる場所なんてどこにもないものね。

人間、やめてしまうことは簡単だけど、リスタートするのは本当に難しいって感じています。俺自身、人生の第1章が騎手であり、それを終えて今が第2章。すべてがうまくいけば第3章が始まる。

引退した当時は「やっと人生の折り返しだな……」なんて思ってたのに、人の生き方ってそれぞれで不思議だよね。THE虎舞竜の「ロード第14章」まではいかないけど（笑）、俺みたいな自由な生き方もよろしいやん！

100

騎手で鎖骨骨折程度は〝かすり傷〟

２０１７年は夏の短い札幌だったね。海とか大好きな俺にとっては、不満の残るここ数カ月……。

まあ、遊びの話はここまでとして、２０１７年の札幌競馬では、後輩の三浦皇成[※1]が1年ぶりに大ケガから復活、大活躍していました。彼にとって1年間のブランクは相当なもので、股関節から大腿骨にかけて27～29カ所の骨折だった。術後は歩くことから始めるリハビリが大変だったと聞いています。リハビリが終わって、馬に乗って感触を確かめて、医者から騎乗ＯＫの診断書をもらわないと騎手として復活できないから、つらかったと思うよ。でも、元気な顔を俺の店で見せてくれたし、ひと安心したよ。そんなわけで今回は、競馬でのケガの経

※1　１９８９年12月19日、東京都生まれ。２００８年に騎手デビュー。ルーキーイヤーに94勝をあげ、武豊騎手が持つ新人年間最多勝記録を更新した。２０１１年にタレントのほしのあきさんと結婚。２０１４年11月の全日本2歳優駿を制し、GⅠ初勝利。２０１６年8月の札幌競馬場で、騎乗馬の骨折により落馬、肋骨や骨

験について話そうかと思います。

俺自身、レース中の落馬は20回や30回どころじゃなく、それ以上経験していると思うけど「大ケガ」というケガは鎖骨骨折4回と、指の骨折の計5回かな。

競馬の世界では鎖骨を折るくらいじゃ「かすり傷」なんて言われていますが、骨折は骨折。痛いものは痛いですよ。でも、手術をすれば2週間で現場に戻れるので、かすり傷と言われるのも当然かな。

俺の場合、1度目の場所と同じ箇所を4回骨折したので、次のページのレントゲン写真を見てもらえばわかるように、現状、骨が離れたままです。この箇所を治すためには、折れたままの部分を腰の骨から移植しないといけないと言われたので、少し違和感はありますが、馬に乗ることや普段の生活に対してなんら支障がないので、ほったらかしにしています。ゴルフも下手ですができますし、問題ないですね。

落馬といってもいろいろなケースがあります。自分が乗っている馬が故障する場合や、前で走っている馬が故障して巻き込まれたり、横で走っている馬が斜行してきたり、ゲートを出た瞬間に馬がつまずい

盤骨折の重傷を追う。2017年8月12日、札幌競馬で1年ぶりの復帰を果たした。初日に三浦騎手は2勝し、「まだジョッキーとして未熟ですが、活躍している姿を家族に見せたい。そういう思いが支えとなり、やってこられました」と感謝の気持ちを伝えた。

たり……。

ケガの度合いはそのときの打ち所と、あとは運だけですね。

競馬での落馬シーンを見た経験のある人なら、派手な落馬こそ大ケガに見えるかもしれません。でも、落馬してゴロゴロと転がると、身体が地面に当たるのを分散してくれることが多く、意外にも軽傷程度の場合が多いんですよ。

一番怖いのは、見ていて一瞬の〝ドスン！〟って感じの落ち方です。こういうときほど脳にダメージが加わります。今まで先輩や後輩たちが何人も脳挫傷になり、つらい経験を見てきました。そして、そのまま亡くなってしまった人や、一命は取りとめても高次機能障害の後遺症で大変な思いをしている人もいます。

それだけでも「騎手とは本当に危険な職業」と認識してもらえるのではないでしょうか。

そして、先ほども言いましたが〝運〟もあります。デビューして間もない頃、京都競馬で一

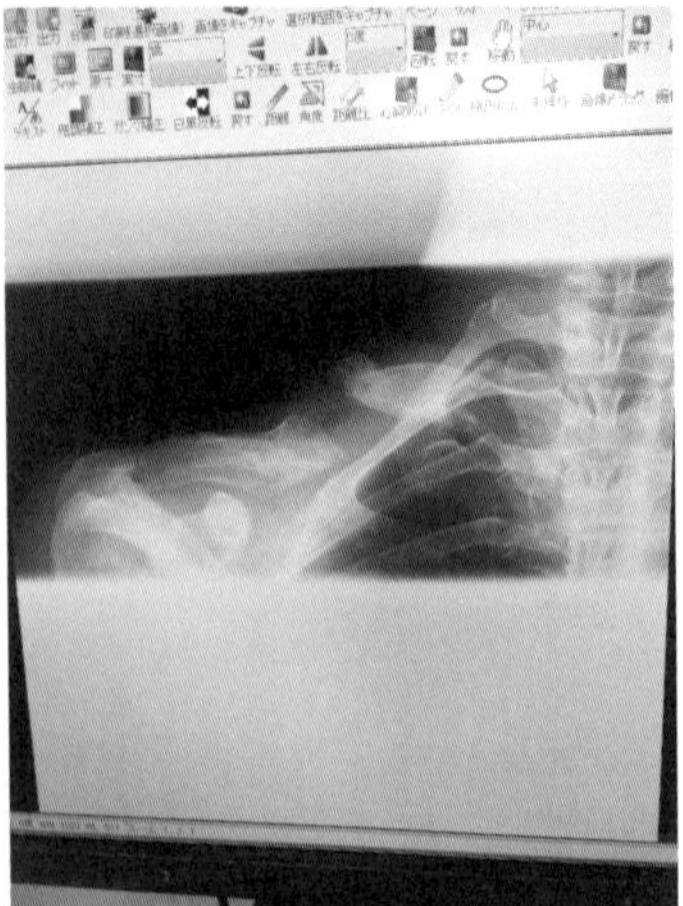

藤田さんの鎖骨が折れたままの
レントゲン写真

頭の有力新馬を依頼されたのですが、自分が厩舎に所属していたこともあり、厩舎事情で東京競馬に行かなくてはならなくなりました。

岡騎手が落馬した馬に騎乗予定だった

もちろん、依頼された新馬の結果も気になるし、東京からレースを観戦。能力が相当に高く、評判にもなっていた馬だけに、正直「1勝もったいないな……」って感じで観ていました。

最後の直線まで5～6馬身ぶっちぎり、馬なりの状態で先頭を走り、「やっぱり強い！」と思っていた矢先、その馬は足を骨折。

騎乗していた故・岡潤一郎騎手[※2]（日高管内様似町出身）は、慎重に馬の速度を落として丁寧に止めにかかったのですが、軽く転がり落ちたのが不運にも後続馬たちが勢いよく追い上げてくる外側……。

「馬は人を踏まない」というのは本当の話で、岡騎手は踏まれたわけじゃなく、後頭部を馬のひづめにぶつけられてしまったのです。

※2　1968年12月7日、様似町生まれ。1988年にデビューし、1年目から44勝をあげ、最優秀新人賞を獲得。1991年のエリザベス女王杯をリンデンリリーで勝利し、GⅠ初制覇。将来を嘱望されていた中、1993年1月31日の京都競馬で

当時、係の人たちに話を聞くと、その場でイビキをかいていたらしいです。競馬場から大至急、病院に運ばれたものの、落馬から28日後に帰らぬ人となってしまいました。

もし、そのとき内ラチの右側のほうへ転がっていれば、かすり傷ひとつない状態で済んでいたかもしれない……俺が依頼通りに騎乗していても同じようになったのかもしれない……などと、いろいろ考え込みました。

岡先輩は俺と同じ北海道出身であり、落馬事故の2日前にも一緒に食事していたくらいかわいがっていただき、優しい先輩であり、良き兄貴分でした。当時、「武豊を超える逸材だ！」とまで言われた人。24歳という若さでした。

ほかにも大きなケガをした先輩・後輩の話はたくさんありますが、なぜもう一度、門別競馬で騎手復帰を目指すかという理由は、以前も書いたとおり、北海道のためでもあり、また応援してくれ

後列左からJRAの丸山元気騎手、三浦皇成騎手、勝浦正樹騎手。藤田さんのHBCラジオの番組にも出演した

落馬。意識不明の重体で病院に搬送され、2月1日に死去した。享年24。

ているファンのみなさんの後押しがあったからこそです。

危険は承知、北海道、ファンのために騎手復帰

危険は承知しています。この記事を読んでくださっている頃には、1次試験が終わっているでしょう。見事合格を果たして「元気いっぱいに2次試験へ挑めたらなぁ」と思っています。

最近、ススキノの俺のBARに来てくれるファンのみなさんも、以前にも増して注目してくれているようで、パワーをもらってます！

特別対談2

安藤勝己

元JRA騎手

藤田　アンカツさんは今、札幌市民なんですよね。
安藤　２０１５年から札幌に住んどる。
——そうなんですか。
藤田　そもそも俺は北海道出身なわけで、引退して戻って来た。アンカツさんは愛知県出身なのに、なぜ札幌にいるのかっていうことを、はっきり聞いていなくて……
——ぜひ聞きたいですね。
安藤　最初はそういう予定じゃなかった。騎手をやめた後は、東京とか大阪に滋賀から通っていた。騎手時代、夏競馬でずっと北海道だったでしょ。だからこっちに慣れているのが、移住した一番の理由かな。
藤田　函館をすごい気に入っていましたよね。
安藤　そうだ。

けで札幌に移住

藤田　温泉もあるし、のんびりできる。まあ、実際に住むとなるとちょっと不便ですけど。
安藤　函館も最初はよかったけど、長くおると飽きてくる（笑）
藤田　温泉保養みたいな感じならいいんですが。
安藤　1カ月くらいの滞在期間がちょうどいい。札幌は夏も涼しいし、滋賀に住んでいる頃より、東京や大阪に出るのに時間がかからない。
藤田　滋賀は、全力で毎朝毎朝調教しなくちゃいけない若い子はいるべきなんだけど。僕ら格好つけるわけじゃないですけど、ある程度いい成績で活躍させてもらっているときは、週に1回とかしか栗東で仕事もないわけだから。だから滋賀にいるのはち

（あんどう・かつみ）1960年愛知県生まれ。76年に笠松競馬で騎手デビュー。78年から18年連続で笠松競馬のリーディングジョッキーになるなど、地方競馬で通算3299勝をあげる。2002年にJRA騎手免許試験に合格。中央競馬移籍後、04年にキングカメハメハで日本ダービーを制覇。その後、ダイワスカーレット、ブエナビスタなどで数々のGIを勝利。10年にはJRA通算1000勝を達成した。13年に現役を引退し、現在は競馬評論家として活躍中。

夏競馬がきっか

よっとしんどくて。

安藤　ＪＲＡに移籍して３、４年は岐阜から通っていた。子どもが高校とかそういう時期だったからね。水曜日だけ調教に行って戻り、週末競馬場に通っていた。その意味では、案外どこにおってもいい商売でもある。

藤田　その通りですね。

――そもそもお二人の付き合いはどれくらいになるんですか。

安藤　俺は現役時代、ほかの騎手と付き合いが多いほうではなかった。現役時に藤田君ともどこかに行くようなことは、そんなになかった。

藤田　なにかのイベントの打ち上げで飲むという感じですかね。でも、アンカツさんは俺より年齢が一回り上なんですけど、まったく取っつきにくい感じがなかった。ばんえい競馬のＪＲＡ騎手との交流イベントでも協力してくれましたよね。第１回目

は忘れもしませんから。帯広空港で前日に待ち合わせしたら、勝浦（正樹）と2人で酔っぱらってデロデロだった（笑）

安藤　そうやったか。

藤田　いやいやアンカツさん、帯広空港には2軒しか店がないのに、勝浦とハシゴしていましたから。

安藤　勝浦は関東所属なので、それまであまり話す機会がなかった。今でも、勝浦は俺に会うと挨拶に来るよ。

藤田　勝浦はアンカツさんのこと大好きですから。それもいい思い出じゃないですか。

――本日の対談場所は札幌・ススキノにある「さんかい」というお店に来ています。

藤田　今日は海鮮がおいしい居酒屋なんですが、ダイエットも兼ねて、食物繊維を

札幌記念〝裏話〟

摂ってもらわな困りますよ。

安藤　現役時代より結構、野菜を食うようなったな。

藤田　現役時代は体重を気にするから、食べられるものも限られますよね。

安藤　競馬が終わったらラーメンばかり食べてた。のどがカラッカラで、汁物など水分がある食べ物じゃないとのどを通らない。それだけ競馬のために体重を落としていたから。

藤田　極限まで体重を落としているときは、いきなりビールすら入らないですもんね。水分と一緒に食べ物を流しこんでからじゃないと。アンカツさんの減量といえば、ブエナビスタの札幌記念ですよ。あのとき何キロ落としました？

安藤　ブエナビスタの斤量が52キロ。普段

のレースの斤量は56～57キロくらいだから。6キロから8キロ体重を落としたかな。そんなに苦労しなかったけど（笑）

藤田　だけどレース前の姿を見ていると、ギリギリやったじゃないですか。

安藤　1カ月前くらいから減量に取り組んだ。そんなことなかったから。

藤田　あれだけの馬で、減量に失敗して騎乗できないとかは、シャレにならないですよね。はっきり言って、ブエナビスタに乗りたくはなかったでしょう？

安藤　………

藤田　騎手の心理からいってもそうだもん。俺みたいに軽い人間も斤量52キロは乗れても、それが51キロって言われたら、ちょっとイヤだなって思うから。

――そういうものですか。

ブエナビスタの

安藤　あのときは、ほかの馬にも乗ったから。レース当日の朝から声も出ない。

藤田　体もつりました？

安藤　もう、とにかく体に力入れんようにしていた。頭がボーっとしてあまり覚えとらん。

藤田　俺も軽いながら減量していたときがあるじゃないですか。ゲートに入って馬

安藤勝己騎手を鞍上に2009年のオークスを制したブエナビスタ

に乗る格好をするだけで、体がつってくる。どうしたらいいかわかんないくらい痛いから「はよ、ゲート開いてくんないか」って思うときもあった。

安藤　あぶみに足をかけただけでもつりよる。

藤田　そうそう。水分が足りないから。

安藤　でも、不思議とレースが始まると体が動くようになる。

藤田　スタートしましたってなればね。

安藤　やっぱりそれだけ集中するとつることもない。ゲート前、こんなんなってんのに、大丈夫かなと思うのに不思議だよ。

との浅からぬ縁

藤田　ブエナビスタといえば新馬戦で負けたとき、ゴールに入ってから他馬を抜きにかかったんですよね。

安藤　ものすごい一生懸命で、これは走ると思った。馬って本気で走ってねぇんだよ、やっぱり。

藤田　確かに走りたくないでしょうね。だって新馬戦は幼稚園の運動会と一緒なんだもん。なんでこんなとこに連れて来られて走らなきゃいけないんだって思っているはず。よく、この馬はやっと2、3戦目で競馬を覚えたっていうけど、勝手な人間の解釈ですよ。

安藤　頭のいい馬はずるいことを覚えてくる。

藤田　トランセンドだって最初アンカツ

さんが乗っていましたよね。アンカツさんが乗っている頃は、まだあの馬も前向きさがあって乗りやすい馬だった。ただ引退前はズルくなって全然前に進んでいかない。あんだけ追っつけてんのに、ってイヤになりましたよ。

安藤 やっぱ馬も年を重ねるとひねくれるんや。

藤田 アンカツさんがＪＲＡに移籍してきたとき、俺の大先輩だし、「笠松から来た、安藤勝己が来たー」っていう感じだった。〝オグリキャップに乗っていた人〟っていうイメージが強くて。あとから知ったけど、オグリキャップはアンカツさんより前に乗っている人がいたんですよね。

安藤 そうそう。

藤田 交流レースが始まり出して、俺も

藤沢和雄調教師

よく笠松に行くことになったんですよ。ロッカールームでアンカツさんに普通に歩み寄って話しかけにいった。笠松の他のジョッキーたちは、アンカツさんにビビりまくっていた。「よう安藤さんにあんなしゃあしゃあとしゃべりに行きますね〜」って言われて。

安藤 笠松で若い連中に怒ったことはねぇけどなあ。

藤田 いやいや。だけど、みんなビビッてましたよ。

安藤 ただ、すごく気を遣われていたか

も。

藤田　リーディングジョッキーでもあるし、笠松じゃもう神様みたいな扱いになっていたから。年下の俺が言うのもなんだけど、なんせ無難にレース乗ってくる人だなぁ、と思っていました。地方からＪＲＡ移籍のパイオニアですから。その後、小牧（太）さん、岩田（康誠）、戸崎（圭太）なども移籍した。もう柴山（雄一）なんてアンカツさんに憧れて笠松に入って、追っかけてＪＲＡ移籍の試験を受けた人間だから。あいつは苦労人ですよね？

安藤　柴山は体重も重かったし。

藤田　だからいろんな地方のジョッキーが活躍しているけど、俺は柴山をちょっと違う目で見ている。性格もいいし、苦労人だから。いまは藤沢和雄先生（調教師）に

走る馬かわかる!?

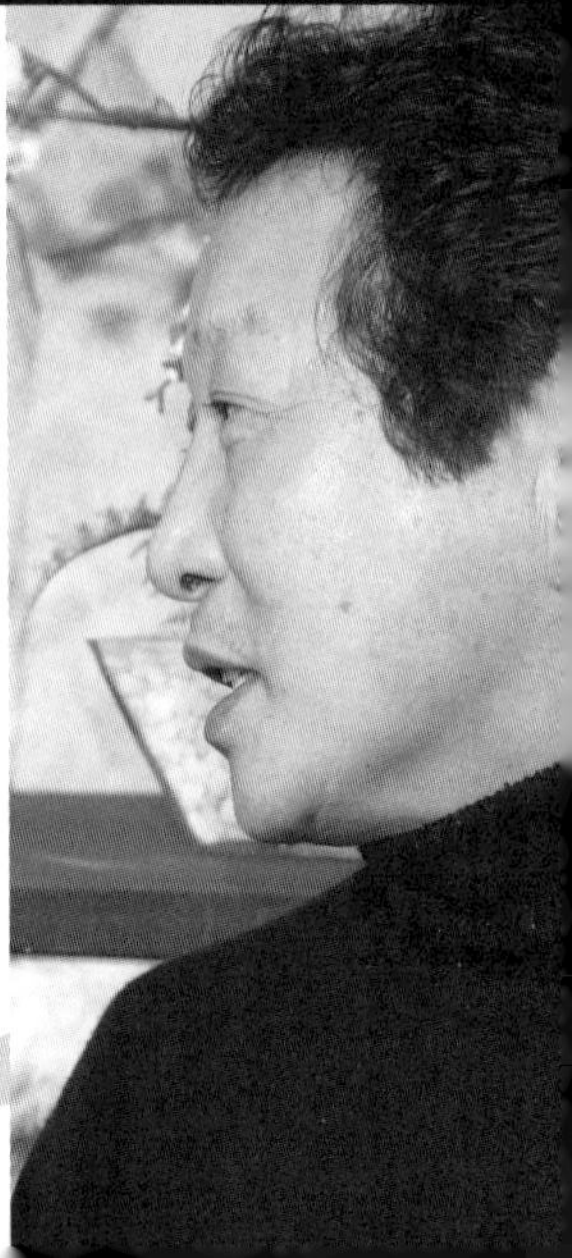

可愛がってもらっていますしね。

安藤　最初、俺は藤沢厩舎でデビューする予定だった。俺の中央移籍のきっかけをつくってくれたのは藤沢さんだった。

藤田　本当ですか。それは初めて知りました。

安藤　そもそもＪＲＡ騎手試験を受けられるなんて知らねぇから。藤沢さんがちょっと会いたいとなって、「受けられるなら受けてみよう」って言われた。そんなん無理やろうと思っていたけど、とりあえず願書を出した。そのとき、ＪＲＡは大変だっ

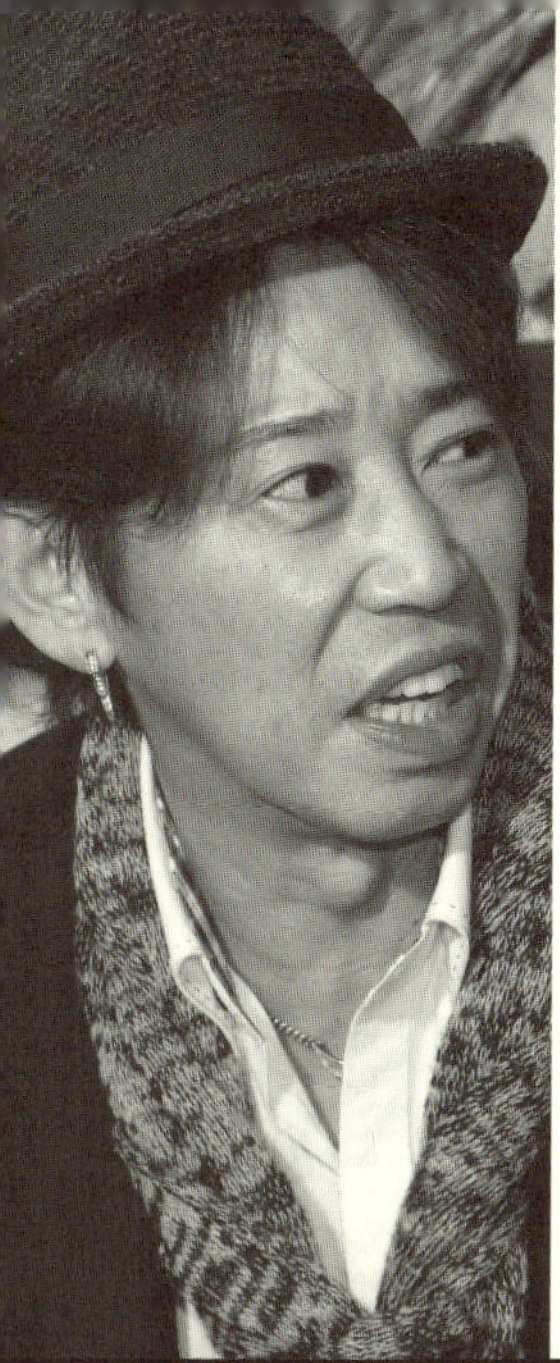

たらしい。

藤田　地方でそれぐらい功績をあげてきた人に対して、落とす、落とさないを判断する。受けたからって一発で通せば、どんどん来るってなるでしょ。だからちょっとＪＲＡも困ったんじゃないかなって思う。

安藤　それで２度目で受かった。

藤田　俺がＪＲＡの競馬学校にいるとき、誰か弟子にしようって、調教師が視察に来るじゃないですか。藤沢さんは俺を指名してたんですよ。だけど志望を関西に出してたんで、あきらめざるをえなかった。藤沢さんの馬によく乗ってたし、それこそゴールドシップのお母さん、ハッピールックは俺が乗っていた馬だからね。

厩務員を見れば

安藤　そういう意味では俺も感謝している。そういう恩は忘れてないよ。

――ファンからよく聞かれることってありますか。

藤田　「今まで乗った馬で、一番強い馬は？」って質問かな。でも答えられない。世代が違うし、一緒に走っていないから比べようがない。だけど「どの馬が一番乗りやすかった？」って言われたら、アサクサデンエンとフサイチコンコルドかな。なぜなら、おとなしかったから。物おじしないし、暴れることもない。競馬は自由自在だし、乗りやすいから好きだった。アンカツさんもいろいろな名馬に騎乗しているけど、

引退レースの有馬記念に勝利したオグリキャップ（1988年）

乗りやすかったといえば？

安藤　アドマイヤムーンはGⅠも勝ってるし、型にはまったときは乗りやすい馬だった。

藤田　俺も乗ったことがあるけど、本当におとなしい。戦車みたいな感じかな。

安藤　調教も乗りやすかったし、うるさいとか、そういう部分がない。オグリキャップにも似とった。

藤田　そうですか！

安藤　精神的に本当にドシッとしている。

ヨンの騎乗に異議

レースに行ってガーッと盛り上がる馬も多いけど、オグリキャップにはそういうところが1つもなかった。ゲートでも絶対出遅れることもねぇし、じーっとしてる。バンッと自分から素早く出るタイプじゃなかったけど。

藤田　アンカツさんは以前、オグリキャップのことボロクソに言うとったやないですか。最初の印象は〝きったねぇドブネズミ〟のようだったと。

安藤　もう毛はボロボロやったし、見てくれはいい馬じゃなかった。最初、オグリキャップを担当していた厩務員は新人の子やった。予想以上に走るから、途中で厩務員を代えた。そうしたら急に馬もよくなった。厩務員の力ってすごいあるよ。

藤田　1つの厩舎に看板厩務員がいるじ

ゃないですか。アドマイヤドンを担当した厩務員はブエナビスタもやっていた。やっぱりいい馬には、調教師がこの厩務員に任せるってなりますよね。

安藤 調教師より馬に接する時間は長いから。

藤田 たぶん自分の子どもより長いですよ。自分の子どもなんかより馬が可愛いっていう厩務員さんも多いですから。休みに関係なく、人に任せるのが嫌だから、餌だけ自分で付ける厩務員さんもいる。

安藤 厩務員は少しでも気になったら、ずーっと馬の前で座っているんだよ。

藤田 どういう性格なのかとか、馬の様子をうかがっているんですよね。担当厩務員の名前を聞いただけで「もしかしたら走る馬だ」と思うときがあるから。

オーバーアクシ

――安藤さんは何歳のときに中央へ移ったんですか。

藤田 アンカツさんは43歳でJRAに入ったんですよね。中央で乗り始めて、一番衝撃を受けたことはなんでした？

安藤 馬のレベルが違う。

藤田 芝に乗ったときの感想は？

安藤 ん～、やっぱ速い。年に何回か地方競馬でも芝レースはあったよ。中京杯や東海桜花賞とか。

藤田 それは名古屋競馬ですよね？

安藤 そうそう。もう何十年も前やなぁ。

藤田 それを考えたら、初めて芝を走る地方の馬同士やったら、なにが勝つかわからんっすよね。

安藤 オグリキャップも笠松時代、芝を走ったことがある。

藤田　それは初耳。

安藤　俺の乗り方は酷かった。馬の上で暴れて、暴れて。

藤田　アンカツさんがＪＲＡに移籍した理由の１つが「馬上で激しく動く乗り方はしたくない」ということ。それなのに、ＪＲＡで荒っぽい騎乗をするジョッキーが増えている。ＪＲＡの競馬学校ではそんな乗り方を教わらないのに。

安藤　そこの競馬場に合う乗り方ってある。地方なら小回りで、馬のレベルも今ひとつなんで、みんな走りたくない。

は大したもんだ

藤田　動かしてナンボですよね。

安藤　馬の上で動くので、膝がこすれて血だらけになる。地方はそういう競馬だけど、ＪＲＡは違う。強い馬をいかにうまくなだめて走らせるかっちゅうこと。オーバーアクションはあんまり意味はない。

藤田　その通りで、オーバーアクションによって馬が走るのかって言ったら、俺もそう思わない。スマートに乗ることが一番で、馬にも負担をかけないと思う。

安藤　直線までにいかに馬をなだめて力をためる。それを直線で発揮させることが大切になる。ファンからしたら、オーバーアクションのほうが懸命に追っているように感じる。

藤田　安藤さんもＪＲＡ時代、きれいな乗り方でしたよね。

安藤　変えよう変えようって思って、あそこまでになった。
藤田　圭太などが大井競馬でバリバリやっているときも、だいぶきれいな乗り方をしていましたよね。
安藤　地方もいい方向に変わってきたけど、なんでＪＲＡの騎手が逆に変わっていっているのかね。
藤田　いや、それがよくわからんっていうか。アンカツさんが地方の乗り方がイヤだからＪＲＡに来たにもかかわらずですよ。築き上げてきた人に対して、今のそうやっている騎手はどう思ってんのかなぁ、みたいな。俺は真似しろと言われても絶対できないし、真似しようとも思わない。
強い馬に乗ったら格好もつけられるんですよね。アップアップで入線するのと、余裕を持ってゴールインするのとじゃ、わけが違いますから。レース前から絶対勝つなぁと思ったときは、スタートする前からどうやってガッツポーズしようかなとしか考えてなかったもん（笑）

ミルコとルメール

——オーバーアクションといえば、日本の競馬界も外国人騎手が増えました。
藤田　外国人騎手が増えてる現状って、今の時代だから逆らえない。だってミルコ（デムーロ）と（クリストフ）ルメールで年間３００勝するんですよ！
安藤　大手馬主の力もあるでしょ。

藤田　そうですよね。外国人ジョッキーが下手とは言わない。だから日本に来られる。ただ、ある程度の馬に、俺なりアンカツさんが1年間乗れば、同じような結果が出ますよ。

安藤　2016年の天皇賞秋、モーリスで圧勝したライアン（ムーア）はうまいなぁと思った。折り合いに難があることを感じさせせんのよ。

藤田　そうそう。

安藤　俺は正直、札幌記念のレースを見ていて勝てないんじゃねぇと思っていた。

欧州で通用しない

藤田　ミルコとルメールは、日本の騎手になりたいがために、日本語を覚えて試験を受けた努力が見える。頑張っているなと思う。

安藤　俺も2人ともかわいいし、日本にもなじんでいる。だから俺はいいときにやめたんだ（笑）

藤田　俺もそう思っているけど、アンカツさんからは「まだ早い。現役を続けろ」と言われました。現役引退を決めたとき、武豊さんとアンカツさんには前もって告げた。最後に勝てそうな馬のオーナーがアンカツさんと知り合いで札幌競馬場に来てくれた。それで勝って、一緒に口取り写真を撮ったんですよね。

——安藤さんの引退の理由は。

安藤　俺が引退を決断した一番の理由は、

歳で思うように乗れなくなったこと。

藤田　アンカツさんは体重が重いのもあったでしょう。馬も抑えられなくなったということですか？

安藤　抑えて抜くことができないんだよ。スタートして思った位置が取れない。自分で自分の体がわかるし、馬とケンカしても結果は出ないから。

藤田　多くの騎手が苦手という〝ひっかかる馬〟に乗るのが好きだった。俺はレッドチリペッパーがそれに当てはまる。

安藤　天皇賞秋のダイワスカーレットは

長手綱の騎乗は

ひどいレースをしてしまった。

藤田　自分で「やってもうた」と思ったんですよね？

安藤　レース前からそうなる予感がしとった。調教でもまともに乗れんかったから。テンションが高くて、持っていかれる。たしか勝ちタイムがめちゃくちゃ速かった。それで、みんなダイワスカーレットにくっついてくるから余計に速くなる。3コーナーで絶対にとんだ（馬券外）と思った。もともと2000㍍も持つと思っていなかったから。レースはハナ差でウオッカに負けたけど、有馬記念はハナ（先頭）をきれば絶対に勝てると確信した。

藤田　あの馬、スタートが抜群に速いでしょう。スタートして2馬身くらい前に進んでいるから。

安藤　最後のほうは行きたい行きたいばっかりで。調教では何回も下げることを教えたけどね。

藤田　「乗ってみたかった人の馬がいますか？」というのもよく聞かれるけど、ダイワスカーレットがどのくらいひっかかるのかの手応えを感じてみたかった。

安藤　実は（武）豊に、調教で乗ってほしいと言ったこともあるんだよ。

藤田　そうなんですか。俺はキンシャサノキセキで、東京のマイルで折り合って勝ちましたから。あのときは絶賛された。後日、四位（洋文）からも「こんなんでよくマイル乗ったな」と言われましたよ。

安藤　俺も何回か乗っているから。あれはひどかった。そのキンシャサノキセキを（クリストフ）スミヨンは、がんと抑えちゃう。

藤田　わかりやすいのは、エピファネイアの日本ダービーでしょう。（福永）祐一が道中で持っていかれて勝てなかったのに、スミヨンはジャパンカップであんなに簡単に乗ってぶっちぎったから。

安藤　ヨーロッパは日本より、もっとスローペースやろ。凱旋門賞の馬群は〝おしくらまんじゅう〟になる。長い手綱で乗るのは、ヨーロッパじゃ通用しない。

藤田　とりあえず海外は、馬の後ろに入れろ入れろと教わる。だからレースは馬群

審議のほうが大事

が詰まって、ハナに行ったら怒られますからね。手綱を抑えて抜けるまで待っている。抜けるとは、折り合いがつくまで馬が納得すること。それまで辛抱ができるか、できないか。

安藤　そうなったら騎手も息ができる。馬も息が抜ける。その上で、重心をずっと保たないといけない。日本の折り合いと、海外の折り合いは違う。

藤田　日本人で下手クソな騎手は、抜けるまで辛抱できないから、馬も逆らって走らない。

安藤　日本は長手綱で馬とケンカするのが折り合い。馬群が詰まった場面の長手綱は危なくてしょうがない。

藤田　とっさのときに操作ができないですからね。

騎手はスタートの

安藤　そう考えると、騎手もヨーロッパで成功しようとすると、向こうに行かなきゃしょうがない。ルメールの馬の抑え方も違う。

藤田　ルメールは手綱をプランと緩くしないですもんね。それを見たら圭太もそうなんですよ。

安藤　圭太はレースの位置取りで、そこまで攻めていかない。

藤田　馬任せ、流れに乗る騎乗ですよね。ファンが負けても仕方がないと思う無難なレースをする。

安藤　圭太はそつがない競馬をする。圭太には「勝ち気で、思い切った競馬をせぇ」とアドバイスしている。まだ若いし、抑える力もあるんだから。

藤田　性格も温厚ですもんね。一方、デムーロは思い切ったレースをする。だから大レースで強い。

安藤　ミルコは失敗も多いけど（笑）

藤田　競馬を見ていて「アイツやりおったな」と思うこともある（笑）。気負いすぎ。

安藤　ミルコは不思議と運もある。

藤田　ルメールとミルコを比べたら、馬乗りはルメールのほうがうまい。

安藤　俺も上やと思う。馬の抑え方もミルコよりルメールのほうがいい。

藤田　競馬強さ、勝負強さではミルコのほうが上かな。ルメールは格好良く乗りますから。

1000勝はすごい

——藤田さんは競馬評論家としての安藤さんを、どう見ていますか。

藤田　アンカツさんのテレビ解説を見ていると、返し馬のおろし方などは、すごく的確に正しいことを言っていると思いますよ。

安藤　馬の評価はするけど、そこからの予想はファンがすること。俺の考えは参考にしてくれと。競馬なんて思ったようにいかないんだよ。誰だって思い描いた位置をとりたい。外野が「もっと前に行けばいいのに」と言ったって、行けないからそんな結果になる。ちょっと出負けして前に入られると、そこは強引にこじ開けられないから。

藤田　「これだけいいレースをしたのに負けるのかよ」っていうことも多いですよね。勝つより負けるほうが多い仕事ですから。43歳でJRAにきて、1000勝するのはすごいですよ。

安藤　どんな世界でもめずらしい、新しい感覚にいくから。地方からやってきて、いい馬にも乗せてもらえた。今は外国人騎手がそう。

藤田　最後にアンカツさんにも聞きたいんやんけど、ファンも納得がいっていないレースの審議はどう思いますか？

安藤　バラバラな裁決をするからファンも不思議なんだ。いつも最後の直線でどうのこうのと審議になるけど、騎手からしたらスタートのほうが大事や。

藤田　それで直線でも前が詰まるダブルの不利は、よくあることだから。

安藤　ファンの見た目だけで審議、採決しているかもしれない。

43歳でJRAにきて

126

全国のファンや馬主のみなさんに申し訳ない

２０１７年9月15日、門別競馬場で道営競馬騎手免許１次試験を受験してきました。３月に復帰のニュースが流れて数ヵ月、自分なりにやるべきことはやってきたつもりでした。前日から店も休んで、行きの車内でも勉強してきたことを再確認。体調も万全でテストに挑みました。

中学を卒業して1年間牧場で働き、16歳で初めて受けた中央競馬の競馬学校の試験。そして、３年間の学校生活を経ての騎手免許試験。その後、25年間の騎手人生に終止符を打ち、２年が経過。実に27年ぶりの筆記テストを受験……。この歳にして、合否発表前日はあまり眠ることもできず、少しドキドキしていました。

9月25日、合否の発表は郵送ではなく電話連絡。あっさりと告げられたのは、見事に「不合格」の言葉……。

試験を受けた時点で、できの悪さもあり、期待はしていなかったけれど、正直、落ちたショックは大きかった。点数をとれない自分が不甲斐ないのは事実。それよりも、全国からたくさん応援してくれたファンや馬主のみなさんに申し訳なく、悲しい限りです。勉強をおろそ

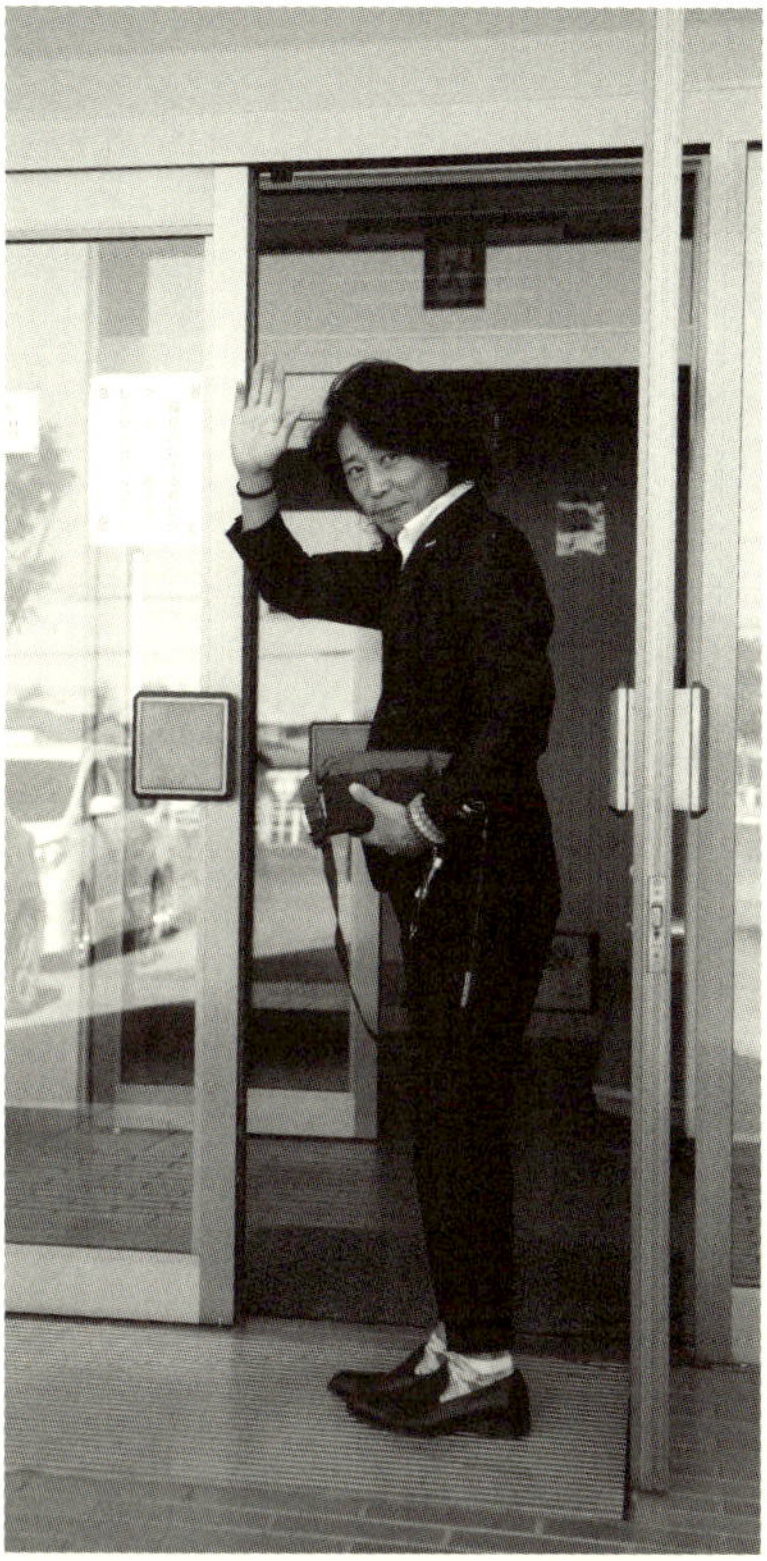

2017年9月15日、門別競馬場の1次試験会場に入る藤田さん

かにしていたワケでもないし、身体も徹底的にイジメ抜いていただけに、心にポッカリと穴が空いた感じです。本当にすみません。

試験の内容ですが、地方の競馬施行規定や、馬学に関する一般常識などなど、B4サイズの紙に問題が6枚だったかな。もう結果が出ているだけに言い訳もしないが、難しかったのは事実。勉強していた場所もあまり出なくて四苦八苦。試験時間も2時間だと思っていたら1時間半……。

できも悪いが、時間も足りなかったね。時間があればできていたとは言わないが、俺の学歴である中卒にしてみたら、地獄でしたわ。

問題の中には「昨年大ヒットしたアニメ映画は?」なんていうのもあり、アニメも観ない俺にはチンプンカンプン。結局、興行収入の問題で

試験後、報道陣の囲み取材を受けた

一般常識ということだろうね。とにかく俺の頭脳にはついていけないレベルだったよ。北海道のため、競馬の発展のために少しでも貢献できれば……と思って受けた試験。ファンのみなさんの多大な後押しもむなしく、今回の結果。今まで生きてきた中での最大の反省点かもしれません。

「一度きり」と決めていた試験。正直、悔いはありません。ですが、〝もう一度レースに乗れる〟というモチベーションが高まっていただけに、落ち込んでいるのが本音です。

試験の数日後に牧場めぐり、馬はかわいい

今回の試験の数人ですが、門別競馬場の現役の騎手連中も調教師の試験を受験していました。門別競馬の騎手の人数は二十数人と聞いています。もし騎手から調教師に合格するほうが多いと、騎手が減ってしまうのは確実。そして、騎手課程の受験者は、俺ともう1人だけ。

「少ない騎手で競馬を運営していくのは大変だろうな」なんて思ってもみましたが、結果がこのあり様だし、余計なお世話だったのかもしれませんね。

「自分の少ない特技で人を喜ばせるということは、見えない高き壁があるんだな。その壁を乗り越えてみせてこそ、男なのにな――」とも思いましたね。

試験が終わり、報道陣に囲まれ、さえない自分がいた。本当に騎手に未練がなくなったのは事実。思いと実力が整わなければ、願いはかなわないね。

騎手を引退したときも、また復帰ってなったときも、今回の不合格も、ヤフーニュースでトップになるんだから、本当に人騒がせなヤツだな、俺って（汗）

今後は気持ちを切り替えて、コラムやラジオなど与えられた環境の中で、北海道のみなさんに貢献していけたらいいなと思っています。

まだ40代半ば、人生の旅の途中で少し躓《つまず》いただけだと解釈しないと、頭を切り替えるのは難しいでしょう。元気だけはあります。馬のこと

から少し離れて、いろいろなことにチャレンジしていきたいと思います。人生これから先、なにがあるかわかりません。
実は試験の数日後、牧場めぐりをしてきました。不合格に悔いはないけど、馬に罪はありません。相変わらずかわいかったです。一度きりと言っていたものの、チャレンジ精神に火がつくかもしれません。でも1年は長い。気持ちの変化があるかもしれないし、先のことはあまり考えないで、楽しく過ごそうと思います。
これからも応援よろしくお願いします。

132 パドックでの調教師の指示はほぼ無視

今回は、競馬をテレビで観ている人たちが疑問に思っていることに対して、いろいろと答えていきたいと思います。

まず、パドック[※1]で馬が周回しているとき、騎手は控え室にいます。白馬に乗っている誘導馬の職員から「止まれ」の騎乗号令の合図がかかるまで、雑談なんかをしながら時間をつぶしています。

そのときに、乗っている馬のオーナーや調教師が話しているのを見つけると、挨拶に行ったり、そのレースの作戦や「どういう乗り方をするのか」などの話をします。

挨拶だけでとくに指示のない人もいらっしゃるけどね。競馬だから「ああ乗れ、こう乗れ」と言われても、思った通りに乗れることのほ

※1　レース発走の約30分前、出走する馬をファンにお披露目する場所。調教助手や厩務員が馬を引いて周回する。馬はデリケートなため、パドックでのフラッシュ撮影は厳禁。

うが少ないので。

午前中は、レース間隔が25分しかないので、挨拶や作戦を話す時間がないときもありますが、パドックで馬に乗ってから、調教師が横で歩きながら指示を出してくることもあります。

ＧⅠレースになると、パドックの真ん中に馬主や関係者などがたくさんいるときがありますよね。それはＧⅠレースだけの特権であり、やはり普通のレースより格式が高いから、パドックの中に入れるようになっているんですよ。

もちろん、メインレースなのでパドックを回っている時間もタップリ。騎乗号令がかかるまでオーナーと記念撮影したり、レースの打ち合わせなんかもします。

海外の大きなレースなんかも、パドックの中にたくさん人がいるのをよく見かけることがあると思いますが、日本もそれのパクリと言っていいでしょう。

いろいろな指示を出されるときもあります。俺の場合は、話は聞きますが、その通りに乗れることなんて10回のうち半分もないわけです。

札幌競馬場のパドック

馬もレースも生き物。そんな簡単にいくわけがないので、指示なんかほとんど無視していましたね。

だいたい、騎手上がりの調教師の先生なら、騎手の気持ちがわかっている人が多いので、難しい指示なんか出さないですよ。ぶっちゃけると、騎手時代に成績が優秀だった人に限りますけどね。

逆に、大した成績を残していない騎手上がりの人は「ああ乗れ、こう乗れ、何番手につけろ、絶対にハナに行け！」などなど、まずうるさいヤツが多いね。

ましてやレースに乗ったこともない厩務員や調教助手から調教師になったヤツも、事細かい指示を出しますね。パドックで馬に乗った時点で、あとは騎手の責任。ゲートを出てみないとどんな展開になるかわからないわけだし、正直、騎手にすべて任せてあげるのが筋だと思うけどね。

俺が現役の頃は、なにか指示を出されたら、わざと指示とは真逆のレースをしていたよ。結果がいいほうに出たなら〝してやったり〟だからね。

競馬は思い通りに乗れない奥の深いスポーツ

いきなりレースまでの話をしてしまったけど、レース前のポケットやゲート裏で輪乗り[※2]をしているときなんかは、騎手同士で「こんな指示出されたぞ」「何番手につけろって言われたぞ」なんて、各々の調教師の悪口を言い合っていたもんだよ。そこまで言うなら「お前が乗ってみろ!」ってね(笑)

俺はレースに通算1万7000回以上乗っていますが、指示通りに乗れたことなんて半分もない。それだけ競馬は難しいんだよ。仮に同じメンバーで同じ頭数、同じ枠順で10回レースをしたら、すべて結果は違うと思いますよ。そのくらい奥の深いスポーツと言っていいでしょう。それなのにいろいろガヤガヤ指示したがる関係者は、どうかしてるぜ!

さっきも言ったけど、騎手時代の成績が優秀だった調教師は、本当

※2 本馬場入場し、返し馬が終わり、ゲートの後方に集合した各馬が、輪を描くように歩きながら待機する。レース時間がきたらゲートに向かう。

に余計な指示も出さず「気をつけて乗ってこい！」か、馬のクセを教えてくれるくらいだね。だからレース前に余計なプレッシャーをかけられることもないので、気持ちよくレースに挑める。

でもね、そういう素敵な調教師ほど、あまり成績がよくないんだよね。指示通り乗らないと騎手を怒鳴りつけたりと、アホな調教師ほど成績がいいのはなんなんだろうね。意味わからんわ。それだけ質の良い馬を預かっているということになるよね。

とにかくゲートを出るのも、一頭一頭、馬のセンス。速い馬もいれば遅い馬もいる。出るのが速くてもダッシュのつかない馬もいたりと、人間でいうならば〝十人十色〟。だから思い描いたレースを毎回することは難しいんだ。１人で競争しているわけじゃないからね。

騎手の声が聞ける4コーナーでの観戦がオススメ

レース中に騎手同士がおしゃべりすることもありますよ。明らかに能力のない馬に乗ったときに、テレビにも映らない最後尾に2頭で並んで走っている場合なんか「俺のも走らんけど、お前のもアカンな」とか「ドンケツだったほうがジュースおごり!」なんて話をすることだってあるんだよ(笑)

あとは危険防止のために、前の騎手がフラフラ走っている場合なんかは「オイッ、コラァ!」なんてのもしょっちゅうだね。声を出さないと落馬事故につながるケースもたくさんあるから、お互い気をつけて声をかけあうのも当たり前なんだ。

競馬場へ見に行かれる人は、最後の直線に入る第4コーナー付近でレースを観戦すると、一番の勝負どころだから、いろんな声を聞けると思いますよ。さすがに「どけどけ、空けろ!」なんてことはないですが……。

そんなわけで、今回は競馬ファンの知らない裏の部分を少し紹介してみましたが、どうでしたか?

違う角度から競馬を見てもらうのも、楽しみの1つになるんじゃないかな。

138

有馬記念を優勝後、自然と涙があふれてきた

子どもの頃は1年という月日がとても長い感じがしたものですが、近頃は一昨年より昨年、昨年より今年のほうが時の流れが早い気がします。俺も歳なのかな……。40歳を過ぎたあとくらいからは、早いのなんの。

競馬の世界も、グランプリの有馬記念が迫ってきました。２０１７年の中央競馬は北島三郎先生のキタサンブラック号中心の1年だったと思います。もちろん、有馬で有終の美を飾ってもらえば、競馬界も盛り上がるでしょうね。

そんなわけで、自分自身も有馬記念は１９９７年にシルクジャスティス号で勝たせていただいていますが、早いもので20年も前の話にな

ります。たくさんGIレースを勝った中でも、このジャスティスの有馬だけは自分の気持ちが追い込まれ、精神的に悩まされたレースでした。

思い出話になりますが、日本ダービーを鼻差でサニーブライアン号に逃げ切られ、惜しくも2着。次走のトライアルでは完勝して、菊花賞は1番人気に支持されるほどの実力馬に成長。

結果は惜しくも5着でした。俺はマスコミの方々に「絶対この馬はGIレースを取れる！」と断言。ジャパンカップでも上位人気になるものの5着。とても気分屋の馬で、毎回実力通りに走ってくれることがなく、なかなか結果が出せないまま有馬記念を迎えるのです。

報道陣からはチラホラと「全然勝てないじゃないか。アイツは嘘つきだ！」なんて声も聞こえてきて……。

まるで自分が〝狼少年〟のごとく思われて、悔しいやら切ないやら。愛馬ジャスティスに腹を立てている自分がいました。本当にこのときだけは、気持ちが追い込まれていましたね。

シルクジャスティスで有馬記念を制した藤田さん

レースの週、調教師と厩務員さんに「この有馬記念で結果を出せなかったら、僕を降ろしてください！」と頼みに行ったほどです。

自分と相棒の相性が悪いのであれば、他の騎手がどんな競馬をするのか見てみたいというのが本音であり、自らのクビ志願でした。

それでも調教師は「お前に任せる！」と力強く背中を押してくれたのです。それに応えるべく、その週始めから頭の中はジャスティスのことばかり。人気になるであろうマーベラスサンデー号やエアグルーヴ号なんか考えもせず「どうしたらGＩ勝をたせてやれるだろう」「もう嘘つきと呼ばれる狼少年はイヤだ」の気持ちしかなかったね。

結果、前走、前々走みたいなやる気のないジャスティスじゃなく、全力でゴールまで駆け抜けてくれる素晴らしい走りをして、見事に勝ってくれました。ゴール後に大観衆の前に戻ってくるとき、これまでの悔しさとうれしさで、普段は泣いたことなんかない俺も、涙が勝手にあふれてきて……。ファンの前でゴーグルを外せないほど、感無量のレースでした。

故郷・新冠で講演会同級生と久々の語らい

そんな相棒シルクジャスティス号[※1]は、俺の故郷の隣町、静内町（現・新ひだか町）で元気にしているそうです。競馬好きな方は、ぜひとも会いに行ってくれたらうれしいですね。思い出話で申し訳ありませんが、その後の騎手人生において、多大な経験をさせてもらい〝藤田伸二を強くしてくれた1頭〟には間違いありません。

今年の有馬記念はどんなドラマが待っているのか楽しみですね。でも、有馬記念後に今年からおこなわれるホープフルステークス（GⅠ）の意味はなんなんですかね。有馬記念で終了でよろしいやん！

そして余談ですが、最近はとくに騎手の乗り替わりが激しいですよね。なにかあれば外国人騎手。他所者が多過ぎて、馬券を買っているファンは誰が誰だかわからないのが現実ではないでしょうか。以前にも言っていますが、決して日本人騎手のレベルが低いわけではありま

※1　新ひだか町の畠山牧場で元気に余生を送っていたが、2019年6月3日、老衰のため死亡。

せん。大手の馬主が独占状態だからこそ、この現状になっているのです。

中央競馬は、やはり日本の騎手が活躍しているからこそ、ファンが増えると思います。このままでは競馬ファンは離れていくでしょう。この現状をすぐに変えることは難しいと思いますが、ファン一人ひとりの力で変化はあると思うので、昔のように切磋琢磨した競馬が見たいものですね。

でも最近、武豊さんのフライデー報道とか……。後輩として「しっかりせぇよ、兄貴!」と、一喝したいね!

話は変わりますが、2017年11月29日に生まれ故郷の新冠町で「すべての人に感謝」という演目で、講演させていただきました。新冠町は小学校卒業まで過ごしていましたが、騎手時代に日本ダービーを勝たせていただいたおかげで、町民栄誉賞までいただきました。牧場に足を運ぶことはあっても、同級生をはじめ、町民のみなさんにお礼と感謝を伝える機会はなかったので、今回の講演会のお話をいただいたときは、うれしかったですね。

新冠町で生まれて、現在までの自分の歩んだ人生経験を話させてもらったのですが、頭の中でどんな話しをするか整理しただけで、カンニングペーパーなども使わず、体ひとつで壇上に上がりました。始まりからの30分くらいまでは調子良かったのですが、その後の話は時代を行ったり来たりで、少々グダグダ状態に。

少し頭の中から内容が飛んでしまい、最終的には質問コーナーに発展させる展開になりました。せっかく３００人近いお客さんが来てくれたのに、申し訳なかったです。今度このような機会を与えていただけたときには、話の順序を書いたメモを用意しておかないとダメですね。

講演会終了後は２次会、３次会まで用意していただき、さらに33年ぶりに同級生がたくさん集まってくれたことがうれしかったです。みんな老けてたけどね（笑）

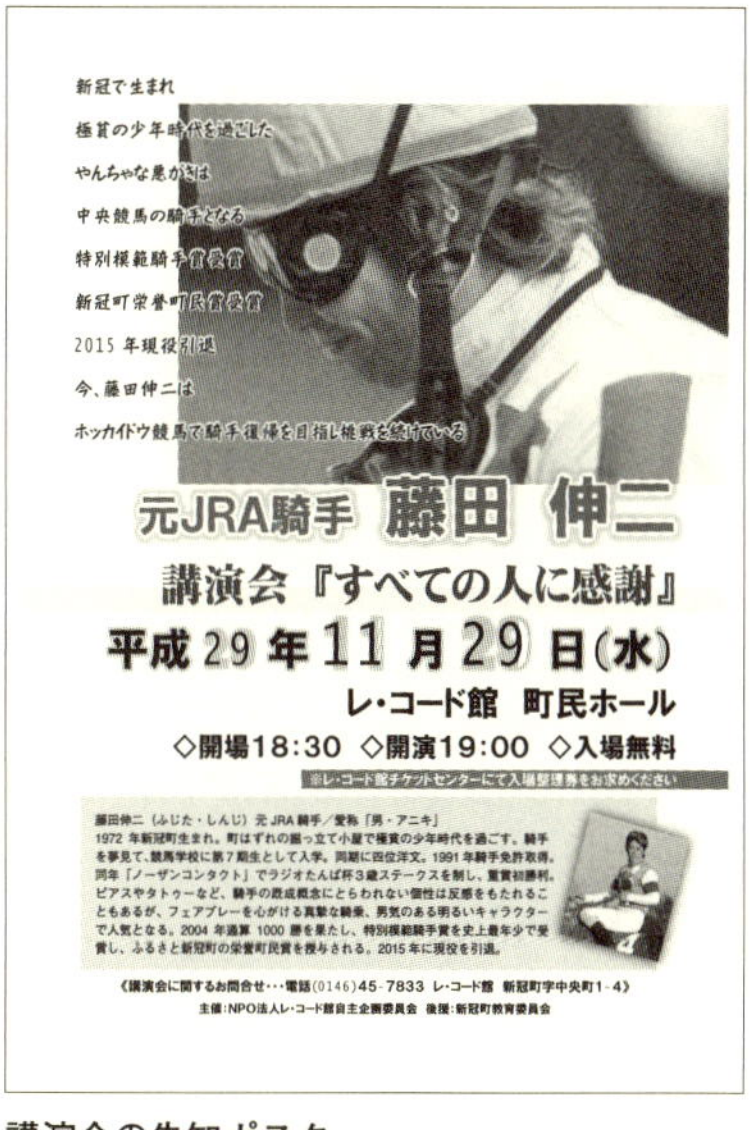

講演会の告知ポスター

体をいじめ抜き、首と腰のヘルニアが再発

みなさん、明けましておめでとうございます。

２０１８年が始まりましたが、まずは２０１７年を振り返ってみましょうか。自分自身のことを簡単に答えると、45年間生きてきて、一番早く感じた１年でした。

特別忙しく過ごしたわけではないのですが、騎手復活に向けてトレーニングに明け暮れた日々、そして、騎手免許試験に不合格……。体をいじめ抜いたおかげで、首と腰のヘルニアが６カ所も再発し、ジムにも通えずモヤモヤした毎日を過ごしました。

７月からはラジオ番組を持たせていただいたりと、いいこともあり、故郷である新冠町で講演もさせてもらいました。秋以降はテレビ出演

の回数も増えて、そう考えると、何気にやっぱり忙しかったかもしれませんね。本当にアッという間の1年でした。

一番しんどかったのは、週1回の休みを取りつつも、日々、昼夜逆転の生活に今でも慣れないことですかね。

8月に地方競馬の騎手試験の免許を取ろうと勉強に励んでいるときは、寝る時間はないし、中央競馬が札幌で開催しているときは、BARも休みなく営業していたため、地獄でしたね。ほんまにタフな時期でした。

今年はもう1つオッサンになるわけだから、少しゆったりとした毎日を過ごせるように心がける1年にしたいですね。このままだと身体が潰れてしまうわ。風邪すら一度もひかなかったのが良かったかな。だから今年の抱負は「健康！」かな。

そんなこんなで、一応騎手であったわけだし、2017年の有馬記念を含め、競馬全体も振り返ってみましょうか。

一言でまとめると、キタサンブラック一色の1年だったのではないでしょうか。オーナーが北島三郎先生であり、ファンも盛り上がっていました。それはいいことですが、騎手目線で厳しく有馬記念を見ると、正直、出来レースのような感じがしてなりません。

有馬記念は面白いレースではなかった

キタサン鞍上の武豊さんが、ポジションを取りに先頭を主張した直後、2番手、3番手の騎手が慌てて手綱を引き、すぐに落ち着いたペースで流れました。先頭を走る馬が圧倒的に1番人気なので、番手の騎手の気持ちもわかりますが、あまりにも遅いペースだと判断したならば、後続にいた他の人気馬が「途中からまくっていっても良かったのでは?」と、騎手の心理として思いました。だから自分の感想だと、見ていて面白いレースではなかったですね。やはり勝負事。攻める騎手がいてこそ、競馬は盛り上がりますからね。

あとは、20くらいGⅠレースがあった中、半分以上は外国人騎手が勝利。こんな現実が今年も続くのであれば、ファンにしてみれば楽しいことはありません。やはり日本の騎手がもっと活躍する競馬を見てみたいものです。

今はまだなにも考えていませんが、この現状を見ていると〝俺がもう一度、騎手試験に挑戦して、新しい風を入れてやろうか！〟なんて思ってしまいますね。そのことについては自分の体の状態とか気持ちの問題があるので、今は多くは語らないことにします。

そして、２０１７年から有馬記念のあとに「ホープフルステークス」というＧＩレースが新設されたので、競馬関係者は休日も少なくなってかわいそう。ちなみに騎手は、東西に騎手クラブという組織があります。馬を扱っている厩務員さんたちは、盆も正月もない状態ですが、最後のレース終了後から金杯までの間だけ、騎手連中は少しだけ休日になります。

一般の方々は、暮れには忘年会、年が明けたら新年会などがあるのが当然だと思うのですが、騎手クラブに忘年会はありません。ですが唯一、年始の競馬終了後、どこかのホテルの一室を借りて、新年会が

2017年7月からスタートしたHBCラジオの「藤田伸二の生涯、ヤンチャ主義」。右は佐々木佑花アナウンサー

おこなわれます。東西の騎手合同ではないですけどね。

そこで騎手会長の挨拶から始まり、ゲストを呼んで余興があったり、若手騎手によるカラオケ大会や悪ふざけなどがあり、先輩騎手たちを楽しませるというのが恒例の行事になっています。俺もデビュー当時は、歌わされたり仮装させられたりと、苦い思い出がありますね。

今後もいろいろな人と出会うのが楽しみ

1年間で騎手全員が集まるのは、この新年会ぐらいじゃないでしょうか。あとは、秋に1泊2日の慰安旅行がありますが、全員が参加するわけじゃないので、新年会は貴重なんですよ。

とにかく基本1年中、土日はレースだし、ゴールデンウィークや平日などは、地方交流のグレードレースが組まれたりして、5日続いて競馬なんてこともあるので、ゆっくりできる時間が少ないのが事実です。

そんなわけで、2018年は自分自身どんな年になるのか読めませんが、執筆にラジオにBARなどなど、与えられた仕事をしっかりクリアしていきたいと思います。

そうそう、ヘルニアも完治したので、趣味であるジムにも力を入れたいですね。そして、その中で「なにか自分にできる新しいものに挑戦できたらいいな！」なんて思っています。

毎年とくに目標などを立てるほうではないですが、2018年の抱負として、健康で元気に過ごせたら一番うれしいですね。

BARを経営しているおかげで、たくさんの方々と知り合うことができました。なによりの財産だと思っているので、今後もいろいろな人と出会うことが楽しみです。

2017年11月、故郷・新冠町での講演会終了後、花束を受け取る藤田さん

対談編

「筋トレ」は人生を楽しくする

ケンシロウのような体になりたい

藤田　今回は俺が通っているジムの北村次秀会長との対談。会長の「ウェイトトレーニングジム　ビーワン」（札幌市中央区南5条東2丁目）は、どのような経緯で開いたんですか。

北村　私は高校生のときから柔道や空手、格闘技をやっていました。当時から筋トレが面白いと。北海学園大学に進み、ボディビル部に入りました。卒業後、ジムの運営を任された後に独立。このジムを開設しました。

藤田　北村会長はいまでも、当たり前のように鍛えていますよね。ジムをはじめて何年になりますか。

北村　26歳のときなので、もう30年近くになりますね。この場所に移転してからは、15、16年くらいになります。

藤田　騎手を引退して2年半がたつけど、札幌でボディビルジムを探していた。なかなかなくて、やっと見つけたのがここで、入会させていただきました。

北村　私は競馬を知らなかったので、普通に「頑張ってやりましょう」となったんですが、周りの競馬好きに聞いたら有名な人だと。

藤田　俺は騎手だったから体も細い。北村会長に「俺は北斗の拳のケンシロウのような体になりたい」と言いましたよね。

北村　覚えていますよ。私は「それは無理。2年以上やらないとなれない」と言った気がします。藤田さんはとにかく真面目でストイック。ちょっとやりすぎなので、痛い目を見なきゃわからないかなと（笑）

藤田　入ったばかりのとき、本当に痛い目を見ました。一番つらかったのは、ふくらはぎを鍛える器具を使ったとき。北村会長に「2日後歩けなくなるから」

（きたむら・つぐひで）1963年札幌市生まれ。北海学園大学法学部卒業。ウエイトトレーニングジム B-ONE代表。合同会社もみのき代表。北海道ボディビル・フィットネス連盟副理事長。大東流合気柔術あらい道場師範代四段。

と言われても、こっちは、プロの騎手だからとナメていた。でも、本当だった。それにしても、ここまで多くのマシンをそろえるのは大変ですよね。

北村　アメリカに買い付けにいきます。私はいつもこんなたとえをしています。スポーツクラブは「ファミリーレストラン」で、みんなが楽しく、美味しいものを食べる。うちのジムは「頑固オヤジのラーメン屋」。来る人は選びますが、味にはうるさいですよと。だからクセが強いマシンをとりそろえています。でも、初心者の方にもしっかり教えます。

いいパンチを筋肉にヒットさせる

藤田　北村会長は、ボディビル大会の北海道連盟の副理事長で、審査員もやっている。会長のジムに通う小澤亮平君は２０１８年末、フィジークでジュニアの世界チャンピオンになった。有名プロレスラーも通っていますよね。どのような指導をしているんですか。

北村　まず、20代、30代、40代といった年齢、そして、なんの仕事をしているのか。それによって練習メニューが変わってきます。

藤田　俺は週2回通って、2時間くらいトレーニングをしていますよね。だけど、小澤君は1時間もしないで帰る。内容濃く、サラッとやって、ダラダラしていません。

北村　私はよく格闘技にたとえるんですけど、うまい選手は、少ない数でいいパンチを当ててるじゃないですか。いかに効率的にいいパンチを筋肉にヒットさせるのか。そのテクニックを教えているつもりです。

藤田　そのやり方が最初はわからなかったです。

北村　誰でも最初からは無理です。経験を積んでいき、指導を受けながら身についていく。経験を積めば積むほどトレーニング時間は短くなります。でも、いっぱいやりたいという人もいるんです。それはメンタルの面で疲れ切りたいと。

藤田　俺みたいなタイプかな。やめるつもりもないし、いつまでも続けてやろうと思う。筋トレはクセになりますよ。家からジムに来るまでは、体がだるい。でも、練習をしてからの達成感がある。加えて心地いい筋肉痛もある。中毒みたいな感じかな。

北村　筋トレをやって、最初に発達するのが神経系統なんです。野球を長くやっている人は、肩と足腰をたくさん使いますよね。そこの筋肉がつきやすい。水泳ならば背中、といった感じです。過去になにをやっていたのかが重要です。

藤田　なるほど。

北村　ボディビルで活躍できるのは均整のとれた体です。一番は体操選手ですね。身につくのが早いですから。発達しづらい部分は重い負荷をかければつくと考えがちですが、あえて軽い負荷で神経系統を反復させる。そこからスタートしてもいい。筋肉を発達させる最小限の刺激でもいいんです。

藤田　正しくキレイにトレーニングしている人がカッコいい。重いのをあげたからといって、筋肉がつくわけではないと。

北村　そうなんです。重いのをあげたくなりますからね。「あの人、うまいね」という人のほうが、筋肉がつくんです。関節に負荷をかけてケガをしたら、元も子もないですから。ドライに物事を考えている人のほうが筋肉はつきます。考え方として、

まずは足し算、引き算をやってほしいんですよ。そこからかけ算割り算ですね。雑誌で一流選手のトレーニングを見て、いきなりかけ算割り算から始めてしまう。基礎ができていないとダメです。藤田さんはしっかりと基礎をやってくれました。筋肉に負荷をのせるのがうまい。

藤田　ありがとうございます。バーベルを上げるのも、腕だけの力業ではないコツもありますよね。うまい人の真似をしてやれば軽くあがることもあります。いろんなことを勉強させられます。

現役時代よりもムキムキの体に

北村　「門前の小僧習わぬ経を読む」ではないですが、そういう環境でトレーニングすることも大切だと思います。

藤田　北村会長には「基本のさわりだけ協力してください」と。ある程度、マンツーマンみたいな感じでメニューを組んでもらいました。スクワットから始まり、段階を踏んで教えてくれました。こうやってやめないで続けてこられたのも、北村会長のおかげです。

北村　いまの体は現役よりもすごいでしょ？

藤田　現役時代も、騎手仲間ではトップクラスの体だったんですよ。今、後輩連中の前に俺が現れたら、ビビるんじゃないかな。もっと早くこのジムに出会っていたら、引退していなかったかもしれない。

北村　筋トレってベンチプレスを何キロあげたかって、なるじゃないですか。そこじゃないんですよね。

藤田　正しくやることが大切なのかなって思っています。

トレーニング後は風邪をひきやすい

藤田　ジムの会員は何人くらいいるんですか。

北村　１５０人くらいですね。

藤田　ジムで１００人を超えるのはすごいことだと思いますよ。

北村　やはり体を鍛えていると楽しいですよ。年齢を重ねても、いろいろなことができるようになります。趣味、仕事、旅行が楽しくなる。20年通った70代の女性も会員でいます。その方は「ジムに通っているから、足腰が強くなって楽しく旅行ができる」と言っています。筋トレは人生を楽しくするものであっていいと考えています。

藤田　俺の場合、現役時代から皮下脂肪がないんです。いま、ジムに来るのがめちゃくちゃ楽しいんだけど、よく風邪をひくようになりましたよ。

北村　体を鍛えた後は免疫力が落ちるんですよね。とくに練習が終わった直後は要注意です。

藤田　汗をかいた後は、暖かい格好をして家まで帰る。そういうケアを怠っていたら、すぐに風邪をひいちゃいますね。

北村　トレーニング後というのは、体が一瞬無防備になりますからね。

藤田　出場するわけではないけど、ボディビルの大会は年に何回あるんですか。

北村　まず北海道大会があり、勝ち残ったら東日本などブロック大会があ

り、最後に全国大会で日本一が決まります。そして世界大会で出場します。

藤田　会長のジムからは、ジュニアの世界チャンピオンや東日本の優勝者もいますよね。

北村　ボディビルの全日本チャンピオンはまだなので、ぜひ誕生させたいですね。それに近い人が会員にいるので頑張ってほしい。

藤田　強い選手にはどんな条件があるんですか。

北村　まず筋肉があり、きっちり脂肪を落としている。なによりも、バランス良く筋肉が発達していることです。どんなに胸筋が大きくてもダメです。全身バランス良く発達している。あと、ポーズがうまいかです。

藤田　ポージングですよね。最初、ジムにきたとき、ムキムキのオッサンたちが、鏡の前でポーズをとっていて（笑）。さすがに笑ってしまったけど、ジムに通うようになったら、その姿が当たり前になってくる。ポージングを家とかでやったら、体勢をとるだけで体幹に効いてつらい。

北村　鏡の中の自分をみているんです。ジムではみなさん協力して、割と一丸で練習していますよね。でも、ベタベタする感じではないんです。

藤田　北村会長のジムには少しエッチなポスターがはってある。トレーニングでしんどいときに見てしまう。そういうのも、北村会長のイタズラ心のようなコンセプトがあるのかなと。

北村　そういう遊び心もあっていいと思いますね。

藤田　苦しいけど楽しみながらできます。

北村　会員の99％は男ですから。〝男の隠れ家〟のような感じかな。

藤田　ボディビルをやっている人は、基本的にナルシストだと思います。ジムにきたら自分しかみていない。俺も個人的に鏡が大好きだから。家にいっぱい置いてあります。

運営で大切にする「規律」と「平等」

藤田　騎手を引退して3年目になります。ここまでジムを続けられているのも、楽しくトレーニングができているからです。今あらためて自分の体と向き合っていると、もっと筋肉を倍増させたい。そう強く思っています。ジムに通い続けることが、趣味の一環になっています。

北村　藤田さんは自分自身のライフスタイルにうまく組み込めています。お客さまに来ていただいて、満足して帰られる。これが一番うれしいことです。それで結果が出てくれれば最高です。

藤田　俺は、いつもヘロヘロで家に帰っていますけどね。それが達成感というか満足だと思うんですよ。

北村　楽しく練習ができて、筋肉がついたと言ってほしい。チャンピオンでも初心者でも、みんなが平等に頑張ってほしい。差別はしません。これが私のポリシーです。ジムを運営する上で、そこだけは崩したくないですね。

藤田　北村会長は礼儀、挨拶などの規律に厳しくて、しっかりしていますよ。トレーニング中の人の後ろを通るときは「失礼します」と挨拶をする。器具も独り占めしない。みんなを同じ目線で見てくれるのも、北村会長の人柄の素晴らしさだと思います。

北村　ありがとうございます。やはりジムがいい出会いの場でもあってほしいですね。せっかく一緒にトレーニングしているので。

藤田　俺としては、まったく違うジャンルの人たちと会えるのもうれしいですね。

北村　たとえば、空手入門書を読んで空手は強くならないですよ。体を鍛えることも同じです。ここにきてトレーニングメニューをつくり、長く楽しみながら結果を出してほしいなと。せっかくトレーニングをやるなら効率的に取り組んでほしい。ジムは〝筋肉の道場〟だと思っています。とくに、うちのジムは〝頑固オヤジのラーメン屋〟なので。ジムに来たらうまい「筋トレ」というメニューを食べてもらえたらありがたいです。体験でもいいので、一度ジムにのぞきにきていただければうれしいですね。

藤田　そういえば、北村会長は趣味で鹿狩りもしているんですよね。

北村　猟が解禁された時期、月に2、3回は山に行って鹿と対決していますよ（笑）。ジムの会員のみなさんには、鹿肉をもらえる特典があるかもしれないですね。

デビュー初勝利でカッコ悪いガッツポーズ

3月——

中央競馬ではこの時期に新人騎手がデビューします。2月のはじめに3年間の競馬学校を卒業すると免許がもらえるわけじゃなく、卒業後に免許試験がおこなわれ、それに合格してから騎手になれる仕組みになっています。

自分の頃を振り返ってみると「いよいよプロのステージに上がれるんだ」というワクワク感と「早くレースに乗りたい」と思う気持ちだけでしたね。あとは同期が11人いたので、とにかく新人賞を目標にしていました。

デビュー前は新聞やテレビなどで「どんな騎手になりたいですか？」

「目標としている騎手は？」なんてチヤホヤされるのも恒例の行事ですね。

俺の場合は生意気ながら、とくに目標としている先輩騎手もいなかったので、吐いた言葉は「今後、自分が目標とされるジョッキーになりたいです！」なんて答えた覚えがあります。

素晴らしい先輩騎手はたくさんいましたが〝この先輩だけ〟というんじゃなく、体の大きさや体格なんかも人それぞれ違う〝十人十色〟なわけですから、いろんな先輩の良いところを見て、盗んで、頂点を目指せたらいいなと思っていました。

デビュー戦なんかは今でも鮮明に憶えていますよ。名古屋の中京競馬場のダート戦（１７００メートル）、７番人気の馬に乗せてもらいました。競馬学校時代に模擬レースを何度も経験していたので、パドックで馬に跨ってもあまり緊張感はなかったですね。それより「早くレースをしたい！」って感じでした。

そして、ゲートイン。好スタートを切り、３番手につけて無難に立ち回って、手応え良く４コーナーに向かうも、愛馬は失速して、結果は人気通りの7着。先輩騎手の邪魔をせずにゴールできたし、ホッとした記憶があります。

ですが、やはり模擬レースとはわけが違い、スピード感には驚きましたね。「これがプロの現場なんだ」、そして「自分が乗っている馬には、ファンのみなさんが馬券を買ってくれている責任感もあるんだ」と本当に気持ちが高ぶり、楽しかったですね。

そして、初勝利はデビュー翌週の土曜日。第1レースの1枠1番で逃げ切り勝ち。なんともめでたい1ぞろい。〝確変〟って感じです(笑)。必死になり過ぎて、ゴールに入ってからも馬を追っていた覚えがあります。そして、格好の悪いガッツポーズ……。いま映像を見ても恥ずかしい限りですわ(汗)

調教時の映像は乗り役のヘルメットに注目

月曜日が全休なので、平日は毎日、馬の調教。土日は競馬という日々。とにかくがむしゃらに頑張っていたけど、本当に楽しかったし、充実していましたね。

結局、所属していた厩舎のバックアップもあり、1年目は39勝をあげて新人賞を獲得することができました。その年の夏の函館開催で騎乗停止になったのは、苦い思い出です。その経験が、自分の持ち味でもあったフェアプレー精神を鍛えてくれたのだとも思います。

そんなわけで、2018年の新人君たちはどんな活躍をするのか楽しみですね。いまの時代、外国人騎手や地方からの移籍騎手などがいるので、簡単に結果を出すのは難しいと思いますが、それぞれ自分の夢や目標に向かって突き進んでほしいです。

今デビューする子たちは、俺らの時代より模擬レースの回数も多いと聞いていますし、技術もわれわれがデビューしたときより数段上手いと思いますから、緊張なんかもしないでしょう。とにかくケガだけには気をつけて〝無事是名騎手〟になってもらいたいと思います。

毎年夏に開催される札幌競馬でも、多くの新人騎手が参戦している

あと、新人騎手は調教のときに1年目というのがわかるように、黄色のヘルメットを被らないといけません。車でいうなら「初心者マーク」みたいなもんですわ。ちなみに、競馬学校生徒の場合は赤白の染め分け帽、2年目からは青色になります。役職として馬場保全委員になると白の帽色になります。

調教師や助手は黒色なんですよ。テレビで調教の様子が流れているときに、注意しながら見てみるのも面白いかもしれないですね。

JRAは若手騎手を育てる気があるのか

ちょっと話は外れましたが、新人騎手にはデビュー時、3キロのハンデがもらえます。競馬新聞で騎手の名前の横に印があるのを知っているでしょうか。▲のマークが3キロ、△が2キロ、☆は1キロのハンデがもらえます。その新人や減量騎手は、通算勝鞍が100勝すると減量マークがとれて、一人前の騎手と認められます。

通算100勝しなくても、デビューから丸3年で減量マークがとれるのですが、それは俺が現役の頃の話で、今は若手の成長が伸び悩んでいる傾向にあるために、少し規定が変わったらしいです。若手に少しでも活躍のチャンスを与えるために、週1ぐらいのペースで「若手減量レース」が組まれています。それでも厳しい状況には変わりないですけどね。

ここ数年、デビューする新人の数も減って、引退する騎手も多い中、JRAは心から若手を育てる気があるのか疑問ですね。だからこそ新人諸君には頑張っていただきたい！

最近は2世ジョッキーがチラホラとデビューしています。関係者の息子だからって〝親の七光り〟なんてない競馬の世界。本当に厳しいです。自分の息子と変わりない子たちが頑張るわけですから、応援したい気持ちも強いです。

とにかく世間から〝一流〟と言われる騎手に、一日も早く成長してほしいものです。

168 五輪を通じて選手のメンタルの強さを実感

平昌オリンピックは盛り上がったね。時差もないので、夜中に観ることがないのがよかったと、個人的には思うな。

やはりフィギュアスケートの羽生結弦君はさすがだったね。あのメンタルの強さは、なかなかマネできることじゃないから。ジャンプの着地してからの柔らかい動きやバランスは、他の選手を圧倒していたものね。

美しい演技には変わりはないけど、今いちルールがわからないのがフィギュア。ルッツ、フリップ、トウループ……？「トゥース」は春日！（笑）。それは冗談として、わからない。採点方法もしかり。俺の他にもチンプンカンプンな人が多いのでは。

そこまで調べてまで観戦しないのが俺流だから、勘弁してや。

　他の競技でもカーリング。まずルールを知らないので、最初は見ていて集中することができなかったけど、詳しい人と一緒に観戦していると、先攻・後攻は後攻のほうが優位だとか、邪魔するストーンを置きにいくだとか、心理戦がすごいんだよね。

　だから、とくに女子の準決勝は力が入って応援していたよ。結果はみなさん知っての通り銅メダルだったけど、本当に準決勝をクリアしていたのならば……なんて思ってしまうよね。彼女たちの気持ちを考えると無念でならない。

　あと、スピードスケートの選手たちも盛り上げてくれましたね。〝確実に金メダル〟なんて言われていた選手が銀だったり、距離や競技によっては前評判通りに結果を出す選手がいたり。やはりメンタル面が一番大事だと思いました。

平昌五輪で銅メダルを獲得したカーリング女子日本代表

あと、自分がラジオ番組をやらせていただいているおかげで、オリンピック前の収録でクロスカントリー日本代表の部長になった蛯沢克仁さんに登場してもらい、その競技の魅力を十分に教えてもらったので、クロスカントリーも楽しく観戦できました。

閉会式になぜ参加しないのかが疑問

やはりいろいろな競技がある中で一番大切なことは、応援する側がルールを覚えてあげることだと思いましたね。

選ばれた選手が4年越しで体をつくって挑む大会。もっともっと勉強して応援しないと失礼だよね。それを考えると、4年間の積み重ねで、俺と年齢が変わらないジャンプの葛西紀明選手は、結果こそ残念だったけど「アッパレ！」と言いたいね。さすがレジェンドと呼ばれるだけのことはあるよ。

さらに彼は「次回の五輪も目指す」なんて言ってたもんな。その頃は49歳だよ。スポーツマンの鏡だよね。

余談だけど、自分が騎手を引退していなければ「レジェンド」と呼ばれていたのかな。ちょっと気になるところだな。

とにかく平昌オリンピックは楽しかったよ。少し辛口で言うと、男子より女子の活躍のほうが目立っていた大会だったと思うが、みなさんはどう見ているんだろうね。

そんなことより一番うれしかったのは、わが北海道出身の選手たちがたくさん頑張ってくれたことじゃないの。機会があれば、メダリストの誰か、俺のラジオ番組に出演してくれないかなあ。

不思議に思ったのが、開会式は多数の選手が参加している様子が映るけど、自分の競技が終わったら続々と帰国する選手たち。閉会式には参加しなくてもいいものなのか。なんかそのあたりが少し気になったね。礼に始まり礼に終わるスポーツマンシップであれば、始まりと終わりぐらいは選ばれた人間なのだから、参加する義務があると思うんだが……。

俺が知らないだけで、全員参加しているのであれば問題ないけどね。

今度そのあたりを知り合いに聞いてみますね。

馴致訓練をさせる牧場の裏方の人たちに敬意

話題は変わるけど、少し競馬の話をしようか。もう4月。あと2カ月もすると新馬戦がおこなわれるんですよ。本当に月日がたつのは早いですね。今回は厩舎に入る前の若駒の馴致が、いかに難しいのかを話したいと思います。俺は15歳の頃に牧場で働いていた経験もあるので、なんでも知っていますよ。

まず最初に大事なことは、背中に人を乗せるという行為が予想以上に大変なんです。その前にやらないといけない訓練も多数あります。

まずは〝ブレーキング〟といって、馬の口に付ける道具〝ハミ〟に長い手綱を付けて、後ろから誘導してあげるのです。それによってハミから手綱に伝わる感触で左右に方向を変えることを学ばせるのです。

それに慣れてきたら、今度は背中に鞍の重さを感じてもらうために毛布を乗せて腹帯を装着するのですが、その腹帯を着けるのが危険なのです。初めて腹に圧迫感を与えるために、急に大暴れしてロデオ状態になり、狂ってしまう馬もいる。とにかく慣れてもらうのが大変なんです。

その後は数人がかりで、跨がるまではいきませんが、人間が腹ばいになって負担をかけていき、それに慣れたらようやく乗れるようになるのです。だから牧場の馴致段階が一番キツい仕事だと思いますね。

美浦や栗東トレーニングセンターに入厩するときには、基本的に誰でも乗れる状態に訓練されているので、騎手時代には一番牧場の裏方さんの仕事に敬意を払っていましたね。

そんなわけで、なにせ若駒ですから、古馬と違って新馬戦には本当に気を遣います。いきなり障害物を見てビックリして、どこに飛んでいくかわからないので、騎手も慎重になり、新馬戦はスローになりやすいんですよ。今年も翌年のダービーに向けて、たくさんの若駒がデビューする。どんな血統の馬が活躍するかわかりませんが、2歳馬のデビューまでの大変さを少しでも感じてくれたらうれしいですね。

174 函館競馬開催時は朝市で活イカとビール

2018年もそろそろ北海道開催が迫ってきました。今は函館から札幌の順で開催ですが、俺のデビュー当時は逆だったんですよ。毎年の北海道開催を楽しみにしている競馬関係者は多いんです。

一番は食べ物かな。そして、何より本州から比べると断然に涼しいからだと思います。同じ夏競馬でも小倉開催もありますので、北海道か九州かで悩んでいる関係者も多いんです。

厩務員さんたちは、担当している持ち馬の条件によって行きたくても行けない人たちもいますけどね。とにかく時期になると栗東、美浦トレーニングセンター内は、にぎやかになるのが定番ですね。騎手連中も、もちろん出張を楽しみにしている者が多くて、なにが一番の目的なのかと言うと、やっぱり食べ物ですかね。

俺も現役時代、小倉に滞在遠征していますが、ほとんどの年の夏は北海道でした。函館においては必ず名物の朝市に何回かは出向いて活イカを食べて、朝からビールを一杯ひっかけないと気が済まない感じでした。札幌の食を推薦するとしたら、ラーメンかスープカレーですかね。

ちなみに、俺はスープカレーを一度も食べたことがないんですよ。苦手ですね。あとは涼しくて空気が良い北海道のゴルフ場へ行くのが本当に楽しみでしたね。

今は開催日数も減ってしまい関係者も嘆いていますが、昔は4カ月びっしり滞在できたので、思い出すと楽しかったな。

騎手は基本的に調整ルームに宿泊できるのですが、家庭を持っている者は、函館も札幌もウイークリーマンションなどを借りて、平日は家族と一緒に暮らす者もいます。

もちろん、レース前日の金曜日、土曜日は調整ルームに入室しなければならないですけどね。

仲のいい騎手同士で鍋パーティーを開催

さて、騎手たちは調整ルームでなにを食べているのか？

みなさんは知らないですよね。そんなわけで今回は騎手の食生活についてお話しましょう。全休日の月曜日以外は朝の調教が5時半から始まるので、起きたらまず馬の調教に乗ります。9時まで馬場が開場しているので、だいたい朝食の時間は10時くらいになります。

中には調教の合間にルームに戻って食堂のオバちゃんに頼んで好きな物をつくってもらって食べる者もいます。決められた朝食というか、定食は必ず用意されていますが、別メニューも充実しているので、おのおの好きなものを自由にお願いしている感じですね。

土日の開催日の夕食も定食が用意されていますが、調整ルームの入室時間が21時なので外食してくる騎手も多々います。

外食する者、自分でなにかを買ってきて食べる者などは、食材をなるべく余すことがないように、事前に職員や働いてくれているオバちゃんに報告するようになっています。たまに仲の良い騎手連中が材料を買ってきて鍋パーティーなんてこともあるんですよ。

そうはいっても騎手ですから、体重の管理も大事。食べられない人もたくさんいます。サウナから自室の往復をしている者もいれば、自室に閉じこもって空腹と戦っている者などさまざまです。

俺の場合は体重に苦労するタイプじゃなかったので、常にオバちゃんが用意してくれた定食を食べてましたね。

そして、夏競馬時期は北海道組、小倉組に騎手が分散しているので、小倉に遠征している後輩からは明太子がたくさん送られてきたりして、土日の食卓には「みなさんでどうぞ」なんてことも。毎年の〝あるある〟ですね。

逆に北海道組からは毛ガニやメロンを小倉の調整ルームに送るのが

夏に開催される函館競馬場

恒例です。なにせ体重管理が大変な職業ですから、毎日決められた時間に食べ物を口にすることは個人個人バラバラですね。

競馬関係者が馬肉を食べないのは真実

俺は関西所属の騎手だったので、夏の福島、新潟にはあまり行く機会がなかったけど、新潟の調整ルームのおにぎりは最高に美味しいんですよ。

さすがは米どころ新潟魚沼産コシヒカリ。おにぎりばかり食べていた記憶があります。競馬場の場所によっては名古屋の中京競馬場の名物は味噌煮込みうどん、九州小倉競馬場ならいつでも明太子と長崎ちゃんぽんがあるとか、寒い時期の小倉ならレースが終わると必ずフグ鍋を食べて帰ってくるとか。

日本全国あちこちに遠征に行けるのは騎手だけでなく競馬関係者の特権だと思いますし、危険な職業ですが、食の話だけをすると恵まれた環境だと言えるでしょう。

25年間の騎手人生で一番滞在期間が長かったのが札幌でした。出身も北海道なので、ススキノで外食するときは必ずジンギスカンを食べに行っていましたね。

たくさん店がある中でも一番のお気に入りだった店は、南6条西4丁目にある「めんよう亭」ですね。そこの肉はビックリするほど柔らかくて最高ですよ。店はかなりレトロですが、名物大将がいるのでぜひ行ってみてほしいですね。

本州の方は「ジンギスカンはクセがある」なんて言う人もいますが、子どもの頃から家で焼き肉と言えばラム肉だったので、俺の場合は牛肉のほうがクセがあって苦手です。

ちなみに、競馬関係者が馬肉を食べているところは見たことがないですね。やはり馬がいてくれての職業。俺は引退した今でも食べたことがないです。他人のことは知りませんが、俺は今後も口にすることはないでしょう。

180

フサイチコンコルドはめずらしい〝逆体温馬〟

日本ダービーの時期がやってきました。競馬を知らない方でも有馬記念と日本ダービーくらいは、伝統があり有名なレースですから聞いたことがあるでしょう。

とくに日本ダービーは別名〝東京優駿〟と呼ばれるほど競馬人の夢でもあり、毎年サラブレッドが約８０００頭生まれる中、３歳牡馬の頂点を決めるレースでもあります。

騎手であるならデビューするとき必ず目標に掲げるものです。そんな伝統あるレースを勝つと騎手は〝ダービージョッキー〟という称号を与えられます。知名度も上がり騎手としての人生を変えてくれるレースでもあります。

俺は1996年にフサイチコンコルド号で第63代日本ダービージョッキーになりました。弱冠24歳でこの栄誉を手にした俺は、その後引退するまで、周りの方々に支えられ、活躍することができたのも〝ダービージョッキー〟の称号があったからかもしれません。

当時は、あの武豊さんでも勝っていなくて「豊さんより先に勝てた！」というのが彼を上回る数少ない記録です。なにせ競馬学校騎手課程卒業生徒の中で一番最初に手にしたタイトルでしたから、自慢してもいいでしょう。

ただし、俺の場合は勝つ自信があったわけじゃなく、当時を振り返るとコンビを組んだフサイチコンコルド号は当日の朝、熱発していて「昼休みまでに熱が下がらなければ出走を取り消す」と伝えられていたので、その時点で勝てるなんて思いもしません。とにかく「参加したい！」という気持ちしかありませんでした。

結局、熱は下がり出走できることになりました。俺のほうは安堵の気持ちが強かったので、さほどテンションも上がらずに挑んだレースとなりました。だから結果に対しては〝勝っちゃった？〟と表現してもいい感じでした。基本的に馬の体温は朝が低く、夜が高いのが普通です。後々、フサイチコンコルド号は変わった体質であることが判明し、朝が高く夜が低い〝逆体温〟の馬だったのです。だからその日の具合は絶好調だったわけです。

厩舎サイドもこれには驚きで、ダービー出走が3戦目だったために見抜けなかったようです。24歳の若い騎手にとって緊張するはずの大レースでしたが、調教師に「無事に回ってくれればいいから」と言われ、リラックスして乗れたことも勝利につながったと思います。

競馬が詳しい方であれば、3歳牡馬クラシック3冠は「皐月賞は速い馬が勝つ」「ダービーは運の良い馬が勝つ」「菊花賞は強い馬が勝つ」なんて言われていましたが、フサイチコンコルド号は強さはもちろん、運の良さが大きかったんだと、今は思いますね。

本当にダービーというのは普段の空気から違うというか、ダービーウイークの月曜日か

日本ダービー制覇当時の写真をバックに、
優勝トロフィーを持つ藤田さん

らトレーニングセンターには、なにかピリピリとした緊張感があり独特です。それだけ偉大なレースだと理解していただけたらうれしいです。８０００頭の中の18頭として出走するのがどれだけ難しいのか。厩舎サイドの思いと願いの気持ちも考えながら観戦してくれたら盛り上がると思いますね。

２０１８年のダービーは絶対王者が不在と思われ、混戦になるでしょう。楽しみです。

茶髪、金髪…ヘアスタイルにこだわる理由

さて、話はガラリと変わりますが、そろそろ春から夏に向けて、みなさんも衣替えの準備の時期ではないでしょうか。

ファッションの話ですね。自分は基本的にまとめて衝動買いというのが定番ですね。若い頃は騎手としてチヤホヤされていたこともあり、派手な衣装を好んで着ていました。スーツやシャツなどはヴェルサー

チやアルマーニなどなど。まあ、派手でした。

バブル時代、真っただ中でしたしね。今思えば女性はワンレンボディコン、男なら少しダブダブのダブルのスーツ。そして男女ともに肩パッドは当たり前でした。時代も変わりファッションも当時とはかなりの変化がありますね。

スーツはピッタリとしているし、ジーンズに関しては腰履きが当たり前。やはり今のほうが断然カッコいいですよ。俺も時代に遅れないように、まちを歩くときは必ず周りの衣装をチェックしていますよ。

若いときのように派手な物は着ませんが、最近は白、黒、グレー系の洋服が好みなんです。オシャレは好きなので、なるべく自分なりの個性を出すように心がけていますけどね。

あとはストールが好きかな。50本以上は持っていると思いますし、季節を問わず身に付けている感じです。好みは人それぞれだけど、やっぱりオシャレなほうが人を惹きつけますからね。

俺の場合、やはり見られる側の職業だったので、こだわりが強いのかもしれないね。レースのときは勝負服を着るしヘルメットも被る。

仕事から解放されたときはオシャレしたいよね。

だからヘアスタイルにも、ただならぬこだわりがありました。若い頃の競馬の世界は今にも増して厳しかったし、髪の色を少しでも茶色に染めただけで白い目で見られたりしたものだよ。だけど髪の色で仕事をしているんじゃない。昔「茶色で怒られるなら金髪にしたれ」と思ってやったところ、ある馬主に「何だその髪は。ふざけてるのか！」と怒鳴られたことがあった。そこで俺は「じゃあ、黒に染めたら、たくさん勝てるんですか？」って聞いてやったことがある。

その週は、怒られた馬主の馬でのGⅠ出走予定で1番人気。見事に勝って表彰式の壇上で俺は馬主に「髪の色なんて関係ないでしょ」って言うと、馬主は「バカタレ」と笑ってくれたのを思い出します。

「競馬界で髪を染めた第一人者は俺」といっても過言じゃないね（笑）

それを考えると相撲の世界は外出するときも浴衣にチョンマゲ。オシャレができないのが可哀想な気がします。少なくとも競馬の世界は仕事場以外じゃいろいろできるし。一度きりの人生……。やりたいことをやっておくのが俺流でよろしいやん！

186

公開調教騎乗の翌朝は筋肉痛で起き上がれず

2018年5月21日、札幌競馬場でHBAトレーニングセールが開催されました。主に日高の馬250頭ぐらいの2歳馬たちの公開調教です。それに元騎手である俺が、知り合いの育成場の方からお手伝いの要請を受けて調教に乗ることになったのです。

最初は1つの牧場からの依頼だったのですが、あちこちに声をかけていただき、結局9頭に乗ることになりました。現役を札幌競馬場で引退して2年8カ月。その間、馬に乗ったのは知り合いの乗馬クラブで2回ほど……。

乗馬と違い、このセールの要点は2ハロン（400メートル）を全力で走らせることなので、競馬さながらのスピードを出さなければいけません。体感速度が鈍っていないか……、しっかり馬を追えるのか……、落馬しないだろうか……、体力は持つのか……などなどの不安を抱えつつ挑みました。

この騎乗供覧で次の日のセリの値段が左右されるので、役割はかなり重要であり、手抜きもできません。ましてや仕上がっている競走馬に乗るわけじゃなく、ゲート試験も受かっていない若駒。どんな動きをするのか見当もつかないし、全馬が初めて乗る（テン乗り）わけで緊張感も半端じゃなかったですね。

詳しい内容は1クール2頭併せの20組が5クールおこなわれ、時計を順番に出していきます。俺は全てのクールに分散された9頭に乗ったわけですが、なにせ1頭目が気を遣いましたね。

久しぶりの馬の背にマックススピードで浴びる向かい風は意外にも心地の良いものでした。だから一気に緊張から脱出できましたね。やはり元プロ騎手なんでしょう。体が覚えているものです。3頭目あた

トレーニングセールの公開調教で追い切りをする藤田さん（手前）

りから楽しいんだけど、急に疲れが出始めて〝こんなに馬乗りって大変やったかな〃と心が折れそうになったけど、そこはガッツで切り抜けました。

なんといっても一頭一頭が何百万円で取引される商品ですからね。大きなアクシデントもなく、だいたい指示通りに乗ることができましたが、終わった後の自分の体がガタガタでしたね。あらためて〝なんてキツイ仕事を25年間もしていたんだ〃と心底思ったね。

当日はまだ良かったものの、翌日の朝はベッドから起き上がることすらできないくらいの筋肉痛で死ぬかと思いました。家のリビングからトイレまでの5メートル弱の距離さえ3分もかかりましたからね。普段ジムに通っているし体力には自信があっただけに情けなかったです。だけどそれは老いではないですよ。乗馬じゃなく短いアブミで9頭を全力で追うという作業がいかに重労働なのかということです。

馬に乗って使う筋肉は、ほとんどが体の内側である内転筋。久しぶりに使った内転筋はビックリして歩けなくなるほどの筋肉痛になるのです。セールが終わっても数日は、まともな生活を送れませんでした。

そんな状態でもゴルフコンペは立て続けに入っていて大変でしたよ。

高額取引競走馬で噂される〝半持ち〟の実態

俺の体のことはさておき、今回のセリで一番の高額馬は4500万円で取引されていました。俺が乗せていただいた馬の中では800万円が最高額でした。セリの現場に行ったわけじゃないので最初の提示額より高く取引されたと聞いてうれしかったですね。

乗った馬たちは早ければ6月にはデビューするわけですから、2018年の新馬戦も楽しみになりました。今回はトレーニングセールでしたが、毎年サマーセールや億単位で取引されるセレクトセールなどいろいろなセールがありますが、何千万円、何億円で取引されている馬たちを馬主として個人で所有しているのが当たり前ですが、中には共同で持つ方々もいらっしゃいます。

規定的に良しとされているのか定かではないけど、馬1頭に数億円もかけるなんて普通じゃ考えられないですよね。だからお金持ちの人間が集まればセリの価格なんていくらでも跳ね上がっていくというのもわかる気がします。

値段が高くなりすぎて数人で持つなんて話も聞いたことがあるので、正しいのか不正なのか疑問に思う部分もありますよね。結局、馬主とは「金持ちの道楽」であり「税金対策じゃね？」と俺は思いますね。

もちろん、ロマンや夢はありますけどね。今の中央競馬会は高額で取引されるセレクトセール出身の馬たちの活躍が目立つ状態です。今回のセールは主に日高産のサラブレッド中心のセリだったので、馬の値段も少し低めの設定になっていました。俺自身が新冠町出身なので、とくに今回乗らせてもらった9頭については、値段に限らず他のセール出身の高額な馬たちに負けない活躍を期待しています。そうなれば今以上に競馬が盛り上がるんじゃないかなと思っています。毎週が大

藤田さんを〝アニキ〟と慕うJRAの高田潤騎手(右)もトレーニングセールに参加した

手馬主の運動会じゃ面白くないでしょ。

　そんなわけで毎年ＨＢＡトレーニングセールがありますが〝また乗るか？〟なんて話が来たらどうするでしょうね。馬に乗ることは正直難しくないのですが、体のアフターケアが大変だったので難しいかなと思っています。

　だけど自身のツイッターなどで馬を追ってる姿を動画でアップすると、ファンのみなさんがたくさん喜んでくれたので、そのときの体調次第でしょうね。「また見たい！」との声が多ければ、オジサンパワーを出してもう一度チャレンジしてもいいかなと思います。

GⅠを勝つと、副賞で車がもらえるけど……

192

2018年上半期のGⅠシリーズが終わり、ただ今、夏競馬が盛り上がっているね。後輩騎手たちが前半のGⅠレースで大活躍。うれしいことです。藤岡佑介騎手はNHKマイルカップで初のGⅠ勝利を果たし、弟の藤岡康太騎手に差を開けられてた状態でしたが、なんの縁だか同じGⅠレースで勝つ。面白いものだよね。そんな佑介騎手の活躍を見ていると、弟よりもGⅠ2勝目が早いかもしれないね。

そして、2018年の日本ダービーは、19回目の挑戦でようやく福永祐一騎手がダービージョッキーになりました。競馬サークルにいる者たちにとって、必ずダービー制覇は目標の1つになっています。喜びも大きかったと思いますよ。俺自身も24歳でこの称号を手にしたわけですが、今思うと奇跡に近い話で信じられないですね。

ＧＩレースを勝つと喜びはもちろんですが、昔は副賞で車がついてきたんですよ。今はもうスポンサーがつかないせいかわかりませんが、バブル時代なんかは必ず車がありました。

俺は20歳のとき、初めて勝ったＧＩエリザベス女王杯でマツダの「フェスティバ」、日本ダービーのときはトヨタの「アリスト」、有馬記念では日産の「エルグランド」と、今までに3台の車をもらいました。表彰式でレプリカの巨大な鍵を掲げるのは夢であり、ステータスでしたね。

でも、車といっても車両本体だけでオプションなし。ラジオすら付いていないわけで、車検や保険などいろんな意味で、逆にお金がかかるのも事実です。

だから車にするか、現金にするかを選ぶことができるんです。俺の場合は3台とも乗りましたけどね。競馬の世界にはもう副賞で車なんてなくなりましたが、ゴルフの世界は今でも車がついていますね。それもこれもスポンサーが大きいということになるでしょう。

知り合いのプロゴルファーに聞いたことがありますが、車をもらっても、やはり車体のみらしいですから〝もらい損〟の選手もたくさんいるはずです。たぶんみなさんは知らない話だと思ったので教えてあげましたよ。

今のJRAは若手騎手が育つ環境じゃない

GⅠレースじゃなくても、中央競馬では名古屋の中京競馬場でおこなわれるトヨタ賞中京記念GⅢだけは、馬主さんだけに副賞の車が今でもあります。さすがは愛知の車の大手メーカーがスポンサーだけにですかね。俺が知っている限り、JRAではこのレースにしか車の副賞はないはずです。

夏競馬でリーディングジョッキーになると、札幌や函館だと海産物の詰め合わせだとか、新潟なら魚沼産コシヒカリ60キロとか、ご当地グルメなんかをもらえますね。

194

意外にも4大競馬場とされる東京、中山、京都、阪神でリーディングを取っても、とくになにもいただけない……なんてのも不思議ですけどね。まあ、商品がほしくてレースに出場しているわけじゃないから、あまり気にしている騎手はいないのが事実です。

とにかく騎手は成功すると賞金が大きいので、稼ぐことが一番ですよ。ちなみに日本の競馬の場合は、獲得賞金はもちろん、勝利数にこだわる風習がありますが、海外の騎手は〝稼ぐのがプロ〟って感じなので、勝利数には関心がないようです。

それに、国によっては野球選手のように契約金が年間数億円なんて騎手もいるのでうらやましいですよね。

でも「なぜ海外の騎手たちが、たくさん日本に乗りに来るのか」と思う方々に説明すると、日本中央競馬会の一番安いレースの賞金が世界一高額だからです。それに基本毎週土日開催ですし、地方競馬や海外のように4～5日連続開催なんてこともないので、騎手たちの体も

藤田さんのラジオ番組に出演した藤岡佑介（一番手前）、福永祐一（左端）の両騎手

楽というのが本音だと思います。

なんと言っても、日本人は外国人騎手に甘いですしね。質のいい馬ばかり乗せてもらえるわけですから、そりぁどんどん来ますよ。

前に話したことがあると思いますが、騎手を育成する競馬学校の必要性があるのかと思いますね。地方からも海外からもとなると、若手が育つ環境じゃないのがわかっていただけるでしょう。

現在、騎手の人数も減っていますし、多くのレースに乗ることは可能ですが、良質な馬は若い騎手にまわってこないし、最近のＧＩレースの参加騎手をみても同じメンバーばかりのような気がしませんか？

そんな状況に巻き込まれたくないから俺は引退したんですけどね。なんか愚痴のようで聞こえは悪いですが、本音なんで勘弁です。

今回は２０１８年前半のＧＩレースを振り返ってみたり、レースでの副賞の話など、みなさんが知らないことを説明できたらいいなと思いました。

まだまだ夏競馬は折り返し地点。札幌競馬場もリニューアルして３年目に突入。あの綺麗なテラスでビールでも飲みながらレースを観戦するのも楽しいはずです。

5月にトレーニングセールのお手伝いに行ったとき、現役の頃じゃ入ることのないスタンドの中を見学しました。とにかく綺麗でしたね。お客さん側から芝コースを眺めるのは不思議な感覚でしたが、ファンのみなさんが競馬場へ足を運ぶ気持ちがわかるような気がします。

さすがに俺はまだ〝面が割れて〟ますので、行く気がないですけどね。まだ札幌競馬場へ行っていないファンのみなさんには、いいスポットだと思うのでお勧めします。

198

アーモンドアイには凱旋門賞に挑戦してほしい

9月6日（2018年）で騎手を引退して丸3年。月日がたつのは早いものですね。この3年間を振り返ってみると、なにかといろいろありました。

門別競馬で騎手の復活を試みたり、プロ雀士の試験を受けようとしたり、ツイッターを始めて炎上したりと、なかなかハードな生活をしていましたね。

正直、挑戦して成功した試しはないという残念な報告ばかりでしたが、本当にアッという間の3年でした。懲りずに麻雀のプロテストは受けるつもりですよ。

先日〝麻雀の神様〟と呼ばれている土田浩翔先生が店（ファヴォリ）に来てくださって、叱咤激励を受けました。今回は勉強する時間もたっぷりあるし、万全な状態で挑むつもりです。やはり資格はほしいからね。

話は変わり、札幌競馬は真っただ中。開催期間が6週間に減ってしまったのは残念だけど、後輩連中がたくさん顔を見せにファヴォリに来てくれるのがうれしいね。引退した後も近況報告を受けると先輩として誇らしいし、毎年の楽しみになっているのも事実だね。

あと、札幌競馬といえば、短期免許で来日中のモレイラだよね。一緒のレースに乗ったことはないけど、技術的にも世界に誇れるジョッキーだと思う。2019年、日本中央競馬会の騎手試験を受けようとしているという噂を聞いている。さすがにデムーロ、ルメールでも、1回じゃ受からなかった。モレイラが1回で受かるなら、俺も受けてみようかな（笑）

競馬の話では、春の桜花賞、オークスと牝馬2冠を達成したアーモンドアイがうれしかったね。やはり母親が自分で乗っていたフサイチパンドラっていうのが感激だったし、秋の秋華賞も無事にいけば勝ってくれると信じています。まず〝牝馬[※1]3冠〟確定だと思うね。

3歳牝馬だし、彼女にはぜひとも凱旋門賞に挑戦してもらいたい。なんと言っても負担重量が53キロで出走できるしチャンスがあると思う。牡馬ならば59・5キロだし、6キロのアドバンテージは大きいからね。ヘタすると日本ダービーに出走していても勝っていたんじゃないかなと思うくらい強い馬だよ。

凱旋門賞には俺もヒルノダムールで挑戦していますが、フランスに1カ月くらい滞在したのはいい思い出だね。でも食事があわなくて、2キロくらい痩せたのを覚えているよ。フランスの田舎まちのシャンティという場所のホテルにいたんですが、野菜は美味しいんだけど他がね……マズかった。

レースの話をすると、前哨戦のフォア賞は2着で、本番に向けての調整もよかったんです。決戦当日、競馬場の空気に馬が飲み込まれて、

※1　2018年10月14日、秋華賞（京都競馬場芝2000メートル）に出走し勝利。牝馬3冠を達成した。

パドックから返し馬までで、全能力を出し切った感じでした。発汗がひどくて、ゲート裏で〝終わったな……〟って感じだった。

やはり海外での調整は一筋縄ではいかないね。今までドバイ、アメリカ、フランス、オーストラリア、マカオ、香港など、いろいろな場所で乗ったけど、成績は2着はあるけど勝ったことがないという情けない記録……。騎手ならばせめて1つくらい勝ちたかったかな。もうかなわぬ願い。仕方がないよね。

ただ、アーモンドアイには可能性を感じるので、みなさんも応援してもらいたいです。

馬の海外輸送の飛行機代は往復で1400万円

ちなみに世界でおこなわれる大レースは、ほとんどが招待レースですが、凱旋門賞だけは招待じゃないんですよ。「出走したけりゃ勝手に来なさい」ってな流れで、人間や馬の旅費も馬主負担なんです。みなさんはフランスまで馬１頭を運ぶのに、飛行機代金がいくらか知りませんよね。なんと片道７００万円かかるんですよ。往復１４００万円。破格の値段ですよね。

　ドバイや香港などの国際レースは、主催者側が旅費のすべてを出してくれますが、凱旋門賞だけは別なんです。前哨戦のＧＩレースの賞金がたったの７００万円程度。本番の凱旋門賞は４億円くらいです。まさに結果を出さないと馬主は大赤字なわけです。それだけリスクが大きいということになりますよね。

　あと、調教師や騎手の旅費、滞在費なども馬主負担。全部で３０００万円くらいの経費がかかるのではないでしょうか。本当に馬主は大変なものです。伝統のあるレースに参加させていただけたことは、俺の貴重な財産になっているので、とても感謝しています。

　そんなわけで、また話は逸れるけど、ツイッターを始めたおかげでたくさんの友だちができて、バーのお客さんが増えたのもいい傾向だね。つぶやいて炎上なんてこともたびたびだけど、それをかまうのも楽しいね。でも、こっちは顔割れしているのに平気で文句を言ってくる連中は、ほんまに勘弁してもらいたい。まあ、人間模様が見られて面白いからいいんだけどね。ツイッターは今後も続けていくつもりなので、暇な方はぜひのぞいてみてくださいね。

とくに夏競馬の時期は、関係者や芸能人、スポーツ選手たちやらいろいろな人が店に寄ってくれるので、ファヴォリに来てくれたらめずらしい方々に会えると思います。

店もオープンして3年。約5000人のお客さまが来ました。今後とも頑張りますので、来店をお待ちしていますよ！

対談編

うれしさ8割、嫉妬が2割

魅力的なサッカーを追求するミシャ

藤田　財界さっぽろさんで連載を持っている同士として、対談を企画してみました。もうスナ（砂川さん）と出会って10年くらい？

砂川　伸二さんに会ったのは、札幌に来てすぐくらいですね。

藤田　スナは引退して何年になる。

砂川　3年です。

藤田　俺も2018年の9月で、丸3年になった。同じだ。

砂川　僕は2015年の1月ですね。

藤田　スナに出会ったのは、札幌の知り合いの中に、共通の友だちがいた。スナから小野伸二だとか、宮澤裕樹とかを紹介してもらって。

砂川　僕も皇成（三浦皇成騎手）を紹介してもらいました。

藤田　宮澤はめちゃめちゃ競馬好きで。

砂川　いつも競馬新聞を見ていますよ。僕は伸二さんと出会うまでまったく競馬に興味がなかったんです。実の兄が競馬好きで、伸二さんと会ったと話したら、「マジかよ」と言われて。

藤田　ところで、2018年シーズンの北海道コンサドーレ札幌はすごいじゃん。昨シーズンとなにが違うの。

砂川　僕らがいたときと、選手の質は確実に違います。ミハイロ・ペトロヴィッチ（ミシャ）監督は「3人目の動き」「縦の関係性」を大切にしています。言葉では説明できるけど、実際は選手の試合中の判断になります。ミシャはそういうことを、試合中に自然と生まれるように、選手たちに落とし込むんです。トレーニングでの落とし込み方がうまいなと。

藤田　監督の影響も大きいんだ。

砂川　リアクションサッカーではないんです。相手のいい部分を消して、あとはなんとかしてくださいと。ミシャのサッカーは、そういうのではありません。自分たちの主導権を取りに行く。むしろ、ボ

（すなかわ・まこと）1977年千葉県生まれ。2003〜2015年までコンサドーレ札幌にチーム最長の13年在籍。小野伸二選手とともに指導するSuna× Shinjiサッカースクールの運営、コンサのアドバイザリースタッフ、コンサユース・U-18コーチ、石屋製菓社員と4足のわらじを履く。

ールを失うことを考えていないんですよ。

藤田　なるほどね。

砂川　だから得点も多いけど、失点も多い。0対1で負けるなら3対4でもいい。魅力的なサッカーでなければサッカーじゃないというのが、ミシャの戦術の芯の部分です。

藤田　俺とほぼ同じ身長のチャナティップが、J1の一線級でプレーしているのがすごいなと思って。

砂川　技術力が高いです。それこそ彼がいると、ボールの収まりどころが違ってくる。チャナ1人で、2～3人はかわせるので。数的有利ができやすくなります。

藤田　2年続けてJ1に残っているけど、2019年の成績次第で下がることもあるんでしょ。

砂川　2017年、柏レイソルがいい成績で2018年アジアチャンピオンズリーグ（ACL）に出たんですよ。ところがJ1でダメで、2019年はJ2に降格ですから。ACLを追うためには移動であったり、ハードなスケジュールが待ち構えている。それでも、次にステップアップするためには、

ＡＣＬを目指すことがクラブとしても大切なことなんです。

コンサで支給される勝利給の中身

藤田　お金の話になるけど、Ｊ１とＪ２では給料も違うの。
砂川　Ｊ１のビッグクラブは、飛び抜けて高いですね。
藤田　点数入れたらいくらもらえる、とかあるの。
砂川　それは個人の契約です。あと、チームによっては、何試合出たらいくらとかもあります。
藤田　今、小野伸二とかは、最後のほうにちょこっとしか出ない。
砂川　たとえば、１試合の勝利給が30万円とします。負けたらもちろんゼロです。45分以上出場した選手は30万円。45分未満は半分。ベンチ入りは４分の１という感じです。僕が柏に在籍していたときは、もっと小刻みな体系でしたね。
藤田　チームによって違うんだ。
砂川　そうです。

藤田　それを考えたら競馬界は、10の賞金があったら、8が馬主、1が調教師、0・5、0・5ずつが騎手と厩務員だから。配分が確立している。

砂川　J1のほかのチームには出場給もあって、試合に出るだけでいい。それは負けてももらえます。

藤田　ぶっちゃけ、コンサで一番もらっているのは誰？

砂川　それは間違いなく監督です（笑）。ほかはやっぱり外国人選手、移籍組は高いですね。

藤田　俺は日本中央競馬会に不満があって引退した。スナが引退を決断した理由はなんなの。

砂川　36歳のときにケガで10カ月休みました。鼠径周辺部痛症候群（グロインペイン症候群）という、サッカー選手の職業病のようなものです。寝返りをうてないくらい痛くて、朝も起きられない状況でした。10カ月経過して、サッカーをなんとかできると思ってチームに復帰したんです。僕はコンディションをあげたいんだけど、当時の練習が軽かった。この

まま終わっちゃうなと思っているとき、FC岐阜のラモス瑠偉監督から声をかけていただきました。移籍すればチャンスがもらえると考えて、お世話になることになりました。でも、プレーしてみると、数年前のプレーのイメージと、現状がズレているんです。心と体が一致しない。そのギャップを埋めることができれば現役を続けられると思うんですが、僕はそれができませんでした。プロとしてやるべきじゃないなと、引退を決断したんです。

藤田 今、体のほうは大丈夫なの？

砂川 サッカーをめちゃめちゃやらなければ、大丈夫です。

藤田 俺は引退して、まったく未練はないんだけど、スナはどう？

砂川 僕はめちゃめちゃあります。

藤田 体さえ万全であれば、まだ現役を続けていたいと思う。

砂川 そうですね。いまでもサッカーをやっているときが一番楽しい。

藤田 そこが俺と真逆でさ。競馬、馬乗りが心から好きで騎手になったわけじゃないから。ビジネスとして考えていた。馬もビジネスパートナーかな。もう一度、ターフに戻りたいかといえばゼロだもんね。

砂川 チームがすごく調子いいじゃないですか。心の底からうれしいし、もっと強くなってほしい。本当のところ、その気持ちは8割で、残り2割は嫉妬です。俺でもやれると思っています。そこに自分がいないことへの複雑な思いがありますね。

所属する石屋製菓には大変感謝

藤田　俺は騎手をやめるとき、飲食もやりたい、飲み屋もやりたいという気持ちがあった。自分でビジョンを描いていたから、すんなりやめることができた。今でも競馬にはまったく未練がない。スナはどうだったの。

砂川　引退してから、サッカーとは無縁の生活を考えることはできませんでしたね。

藤田　でも、そのままコンサに残る気はなかった。

砂川　そうですね。サッカーやコンサを外から見たかったんだと思います。いきなり育成のアカデミーに入ってしまうと、他のサッカーの活動もできない。当時、前例がないので副業は難しいと言われたので……。ありがたいお話でしたが、辞退させていただきました。

藤田　そうした中で、石屋製菓さんから声がかかったんだ。

砂川　社員として所属することになりました。いろんな活動を自由にやらせていただき、石屋製菓には大変お世話になっております。

藤田　２０１７年からコンサユースでコーチもやっている。

砂川　２０１７年シーズンは、Ｕ―18のコーチをやっていました。

藤田　なぜコンサに戻ろうと思ったの。

砂川　２０１８年シーズンからミシャさんがコンサに来るんじゃないかという話になりました。そんな素晴らしい監督を近くで見たい。学べることがたくさんあるんじゃないかなと。石屋製菓さんに相談したらＯＫが出ました。

藤田　Ｕ―18のチームは何人くらいいるの。

砂川　高１から高３の生徒で構成されていて、１学年10人くらいなので30人弱です。

藤田　練習は週に何回くらい。

砂川　火曜日から日曜日まで毎日です。拘束時間が長いんですよ。午後４時前に練習場に行って、終わるのが同９時過ぎです。土日は試合なので練習はないのですが、平日は基本的にそんなスケジュールです。

藤田　けっこう体使っているね。

砂川　ボーッとしているよりはいいですけど。練習前にこうやって話すことも刺激になるんです。

藤田　年間の大会はどんな感じ。

砂川　大きいのは、北海道リーグとカップ戦の2つです。ユース世代で強いのは、コンサか旭川実業。札幌では札幌大谷ですかね。

藤田　コンサのユースは〝プロの卵〟だと思ってしまう。高校サッカーよりレベルが上じゃないんだ。

砂川　必ずしもそうとは言えません。

藤田　選手の移動費などはコンサ側が支払うの？

砂川　はい。でも、強化遠征などでは家族負担もあります。月謝はないですが、遠征時はかかります。

藤田　学費みたいなものだよね。

砂川　中学生以下の世代は月謝があります。

藤田　スナにコンサ側から給料は出ているの。

砂川　はい。超少ないですけど（笑）

藤田　それはキツいな〜。
砂川　引退しても、指導者として年収1000万円を最初の目標に掲げました。
藤田　俺もスナもサラリーマンの経験がない。JRAの現役騎手は、1000万円は確実に稼げる。年収が1億円の騎手は、20人以上いるからね。

北海道出身選手でチームを構成

藤田　スナには日本代表に選ばれるような選手を育成してほしい。やっぱり、北海道から日本代表選手がでてほしいよね。
砂川　コンサから移籍した選手が日本代表に入ったことはあるんですよ。そうなれば、コンサも盛り上がってくれるはずです。
藤田　北海道日本ハムファイターズもそうだけど、北海道出身の選手たちでチームが構成されていないよね。盛り上げてくれるのはうれしいけど、理想は北海道出身者でやらないと。それで勝ち上がるのがプロじゃないかな。

砂川　一時期、コンサも北海道生まれの選手の育成をしっかりやって、チームをつくろうとしたんです。ただ、それだけでは勝てない。現実は厳しい。

藤田　俺はスナより世代が少し上じゃない。中１のとき、室蘭に住んでいた。当時、室蘭大谷高校が全国大会の常連で、とても強かった。確かキャプテンの宮澤浩樹も室蘭大谷のＯＢだと思う。

砂川　Ｊリーグの地方クラブは、どこも地元中心のチームをつくりたいと思っていますよ。

藤田　ところで、日本代表に選ばれた北海道出身の選手って誰かいた？

砂川　コンサのアカデミー出身では西大伍がいますね。あと、Ｊリーグ新人王に輝いた山瀬功治とか。

藤田　そういう選手をどんどん育てて、送り出してもらえれば。

砂川　難しい……。

藤田　そこは「頑張ります！」って言わんと。

砂川　北海道の高校も、コンサのユースも全国にいけば勝つのは難しいですから。レベルも違います。

藤田　最後にスナの２０１９年の抱負は？

砂川　伸二さんはなんですか。
藤田　俺は新しく食べ物のお店をやろうかなと。
砂川　どんなお店ですか。
藤田　ススキノで、飲んだ後の〆のそばと塩豚丼を提供したい。もうレシピもできていて、今ススキノで路面店の物件を探しているところ。夜から朝方まで営業する予定かな。
砂川　店長を探してないですか（笑）。僕めちゃくちゃ働きますよ。
藤田　これは抱負というか、俺の野望だね。事業を拡大していきたいなと思っている。スナは給料を上げてほしいでいい（笑）
砂川　………
藤田　それは冗談として、常にJ1で活躍する選手を育ててほしいよね。
砂川　はい。僕は小学生を教えているのが楽しくて。サッカーに対して純粋で無邪気ですから。俺はサッカーが好きでずっと続けてきたわけだから。その熱さがU―18の選手から、なかなか伝わってこない。2019年シーズンはアカデミーの中学生を見ることになります。将来的にはトップチームの監督を目指しています。今後もさまざまな分野で頑張っていきたいですね。

読者からの質問コーナーをやってみた

まず最初の質問。

Q1　モレイラの活躍についてどう感じていますか？

札幌競馬も無事終了。毎年のことながら競馬ファンも味方して、俺の店も大繁盛でありがたいばかり。２０１８年も後輩騎手たちや厩舎関係者のみなさんがたくさん顔を出してくれてうれしかったな。

そんな関係者がみんな口に出す言葉は、札幌競馬でぶっちぎりのリーディングジョッキー・モレイラの話ばかり。１日５勝は当たり前で、

6週間の開催でいくら稼いだのだろう。相当な額なはずだ。それよりも、なぜモレイラはそんなに勝てるのか?

腕はもちろん認めるし、確かに無難なレース運びをしているのは間違いない。でも、常に3番人気以内の馬に乗っていれば、おのずと結果はついてくるものだ。俺はひがんでいるわけじゃない。一応、俺自身も9年連続で札幌リーディングを取っているし、その頃は今のモレイラのように、つかまっていれば勝てる馬ばかりに乗っていたんだ。

1日5勝なんてことも当たり前。昔、函館競馬では1日7戦6勝3着1回なんてこともあった。それだけ質のいい馬に乗せてもらっていたからできることなんだ。だからモレイラの気持ちもわかるし、勝てない騎手たちの気持ちもわかる。とにかくレース運びを失敗しても、馬の能力が高ければ、勝ってしまうのが現実だよ。もちろん、無難に乗ってくるモレイラもすごいけどね。

結局、2018年もルメールを含め、外国人騎手2人の独壇場が際立っていたね。もう少し日本人騎手の活躍を見たかったのが本音かな。それに騎手たちの成績の差があり過ぎだよね。武豊さんですら、昔は年間200勝とすごい記録を出してたけど、2018年は50勝くらいだもんな。単純な競馬ファンは「勝てないから腕が落ちた」だの「ユタカも終わったな」などと勝手なことを言っているけど、腕が落ちたなんてことはないんだよ。乗っている馬の質が外国人騎手に比べると落ちるということ。そのあたりをわかっていただきたいよね。

Q2　藤田さんにとってお金とは？

騎手時代に稼いだ金額は約25億円。正直、現役の頃は欲しいモノはすべて手に入れていたし、遊びたい放題だったし、自由だったかな。車も常にベンツ3台を所有していたし、贅沢三昧だった。だから引退した今は、とくにお金を使うことがなくなりましたね。物欲がなくなったというのが本音だし、飲みに行くのも飽きたし、やりたい放題だったから〝燃え尽き症候群〟みたいなものかな。

今はBAR、スナック、アロマショップと、いろいろ手がけていますが、なにもしてないよりも気が紛れるからやっている感じかな。

だから俺にとってお金とは、もちろん大事だけど、現役時代に体を張って頑張ったぶん、そのときのご褒美の気持ちが大きいから、執着心はないと言っていいだろう。

Q3　職業が騎手じゃなかったら？

俺は8歳のときに馬産地で過ごしていたし、周りの大人から「お前は体が小さいから騎手になりなさい」とマインドコントロールみたいな感じで言われ続け、自然と騎手を目指しただけ。

育った環境が違えば、一番なりたかった職業は「ボクサー」かな。リングの上で2人だけの戦い、強い者だけが生き残る……憧れたね。

一応、プロテストを受験するくらいまでボクシングをやっていたんだよ。もしボクサーになっていたら、ミニマム級で世界チャンピオンを目指しただろうね。なんでも夢は大きくね。

藤田さんが経営するアロマ・インテリア雑貨店「one's favorite」

あとは体が小さいから競艇選手かな。頭がいいわけワケじゃないから、やはり体が資本の仕事をしていたと思うよ。子どもの頃から運動神経には自信があったから、絶対に机に向かう職業はなしだね。
ほかには、悪さばかりしてきた俺だけど、警察官じゃなく刑事ならなりたいと思ったこともあったね。

Q4、夫婦円満の秘訣はなんですか？

俺も結婚して23年目を迎えたんだが、嫁さんとは、もちろんケンカもたくさんしたけど、とても仲良くしていますよ。子どもも大学3年生だし、もう手もかからない。俺も嫁さんも仕事をしているから、すれ違いの生活スタイル。いつも一緒にいるわけじゃないから、最近はケンカもしないし、お互いに助け合って人生を送っている感じかな。
円満の秘訣は少し距離感を持って、信頼し合うことだと思うね。あとは、自分でできることをなるべく任せないで自分でやる。掃除や洗濯、料理に洗い物などなど。そうするとお互い良い意味で気を遣い合うからね。まとめると、とにかく仲良くってことだよ！

Q5、最近、ツイッターでレースの予想をするようになったのは、なぜですか？

それは単純にコメントをくれる方の要望が多かったからだよ。正直、麻雀は好きだけど公営ギャンブルは嫌いだし、馬券も好きじゃない。元騎手の目線で気になる馬を新聞を見て予想するだけ。それも3場開催なら36レースすべてで3着以内にくるであろうと思う馬をピックアップして、それを軸馬として参考にしてくれたらいいなって感じでやっています。

意外にも回収率が高いので、気になる方は俺がやっている〝競馬のカリスマ〟[※1]をのぞいてくださいね。ファンのみなさんが楽しんでくれたらいいと思っているだけだよ。

※1　競馬のカリスマは「UMAJIN.net」とブランド統合し「UMAJIN.net競馬サロン」にて情報を発信中。

読者からの質問コーナーをやってみた Part2

「北海道は災害がないから安心」なんて思っていたが、あの大きな胆振東部地震。どこにいても安心はできないですね。俺は自分の店にいましたが、持っているグラスが左右に50センチくらい動く大きな揺れ。阪神淡路大震災を経験している俺は、揺れながらも意外と冷静でした。揺れてる途中、縦揺れがきたらヤバいと思いつつ、横揺れのみ。札幌中心部は被害が少なくて済みました。すると、地震後30分くらいで停電。小さな地震はたくさんある北海道。今回のような大きな地震は初めての経験だった方が多かったと思います。だから、防災グッズなどを用意していない家庭がほとんどだったと聞いています。

俺自身もなにも準備をしていなかった。住んでいる場所は8階で、エレベーターは使えないし、上り下りを何度も繰り返しながら、物資を仕入れに行ったりと大変でした。でも、一番つらかったのは停電ですね。ガスや水道は大丈夫だったんですが、やはり停電で〝音〟のない静けさが不気味でした。だから車の中で過ごすことが多かったです。テレビも映るし、情報も得られる。携帯の充電もできる。

札幌中心部は被害が少なくてよかったですが、ススキノ全体の信号機がとまっているのを見たら唖然としてしまいました。

大きな被害があった地域のみなさんは大変な事態でしたし、被災した方々には心からお見舞い申し上げます。今後、自分なりに復興、復旧にお手伝いできることがあれば全力で支援していきたいと思います。

それでは本題に入りましょう。

前回、質問コーナーをやらせていただいた結果、たいへん反響があったということで、またやることになりました。

では、最初の質問から。

Q1　海外遠征や土日の東西移動のときは、どのように過ごしていましたか？

騎手として馬に乗ることに、まったく苦痛はないのですが、やはり移動はしんどかったですね。北海道から九州なんてこともありましたし、直行便がないときは乗り継ぎもありました。海外もたくさん行きましたが、飛行時間が長い。俺の場合はとにかくレンタルビデオを山ほど借りて時間を潰していましたね。香港くらいなら4時間程度ですが、ドバイやオーストラリアは10時間。フランスは12時間。一番遠いと思ったのはアメリカで、14時間もかかるのがつらかったですね。DVDプレーヤーの充電が途中で切れることとがあったときは地獄でしたよ。

国内の移動で調整ルームに入室してからも、部屋にこもってビデオを観ていることが多かったです。

Q２　大井競馬の的場文男騎手についてどう思われていますか。なにかエピソードがありましたらお願いします。

俺は引退してしまいましたが、騎手として単純に大先輩って感じですね。60歳を超えているのに一線級で活躍していることは、素晴らしいと思います。とにかく、ぁの方は馬乗りが大好きなんでしょうね。俺の場合は正直、飽きた部分もありましたし……。いずれにせよ、年齢のことを考えるとすごいですよ。

的場さんとの交流はそんなにありませんが、昔ブログをやっていたときに一緒に写メを撮っていただき、常に勝負ズボンをハイウエストではいているオジサンとして、イジってました（笑）

あと何年乗られるのかはわかりませんが、鉄人には間違いないので、

史上最強の障害馬と言われるオジュウチョウサン（左）

今後も記録を伸ばし続けてほしいですね。地方競馬の調教師に定年制度はないと聞いていますが、あの年齢から調教師になっても何十年もできませんし、生涯騎手で頑張ってほしいですね。

Q3　オジュウチョウサンの有馬記念出走についての見解は。

障害レースで大活躍して、ファンの多い馬。古馬の頂点を決めるレースに出走することは話題になりますが、さすがに条件は厳しいでしょうね。障害レースから条件戦で勝ったのは素晴らしいですが、今回は相手が一線級の粒ぞろい。難しいでしょう。

平場で成績が伸び悩んでいる馬が障害練習すると足腰を鍛えられて、いい傾向が出る馬もたくさん見てきました。ただ有馬記念となると、厳しいことを言うようですが、話題づくりにしか思えませんね。そんな甘いものじゃないですよ。過去にメジロパーマーがいましたが、真似はできないでしょう。

Q4、麻雀の好きな上がり方、待ち方など、魅力を教えてください。

2019年1月にプロ麻雀試験を受けるつもりで勉強しています。麻雀は基本4人で打つものですが、騎手の頃は3人打ちしか経験なかった。4人打ちの基本的ルールから覚えなくてはいけないので苦戦してます。日本にはプロ麻雀団体が3つあり、それぞれ団体のルールも違うらしい。受かるのは難しいとは思いますが、頑張ってますよ。

まず、待ち方などは毎回配牌が違うわけですから、とくにどの待ちの好き嫌いはないですね。そりゃあ役満で上がれたら最高にうれしいですよ。麻雀は自己責任ていうところがあるじゃないですか。競馬なら、悪く言うと馬のせいにして逃げ場があったりもしますが、麻雀は配牌、引き、駆け引きと、すべて人のせいにできないところが魅力ですかね。現在、趣味といえばゴルフか麻雀くらいなので、今度の試験にはぜひ受かりたいものです。麻雀をするなら寝ないでずっと打ちたいくらい大好きですからね。

228

引退する5年ほど前から競馬記者の取材を拒否

2018年は寒くなるのも早いような気がするのは、俺だけじゃないと思います。「夏なんかあったかな?」って感じじゃないですか。とにかく冬も本番になりますし、みなさんも風邪などには気をつけてくださいね。さて今回は、前回に書けなかった質問があったので、1つお答えします。

Q、競馬記者、専門紙などの取材なんかは、どのようにおこなわれているのでしょうか。

騎手や調教師のコメントが新聞に載っていますよね。それは競馬記者の方たちが厩舎まわりをして情報収集することが一番多いですね。専門紙の方々を含めて〝トラックマン〟とも言います。

騎手の取材は、調教スタンドで休憩しているときなんかに声をかけられて、馬の状態、情報を伝えるスタンスになっています。GIレースで人気になりそうな馬に依頼があったときは、スタンドの一角を記者会見場として囲み取材を受けることもあります。

それは一番人気になりそうな馬に乗っていても、絶対におこなわなければならないという規定はないので、断ることもできます。俺なんか、昔の話になりますが、言ってもいないコメントを新聞に載せられて、関係者に不愉快な思いをさせてしまったことがあるので、引退する5年くらい前から取材は拒否していましたね。

騎手から話を聞けないとなると、調教師や厩務員さんに取材に行きますね。俺が取材を嫌う理由として、こんなことがあったんです。

競馬専門紙にはレース予想、関係者コメントなどの情報が掲載されている

調教を終えて歩いていると、仲のいい記者に馬の状態を聞かれ立ち話になると、そこへ顔も名前も知らない記者連中がどんどん集まり、盗み聞きと言うんですかね、それを勝手に記事にする人間がいるんですよ。人にものを聞きたいなら、まず「○○新聞の○○ですが取材させてもらっていいですか」っていうのが筋じゃないのと思ったので。本当に取材は大嫌いでしたね。

その後は調教することも少なくなり、ほとんどトレーニングセンターに行くことがなかったため、取材を受けることがなかったです。

エージェント制度が競馬をつまらなくした

あとはレース後の取材ですね。GIレースを勝ったときは、ファンサービスも兼ねて必ず受けないといけない感じでしたが、平場のレースでも勝ち負け関係なく、専門紙のトラックマンなんかは〝ベッタリ〟って感じで嫌でしたわ。

さっき言ったように、思いのほかコメントが雑に書かれていたり、言ったことと食い違う記事を書かれた経験がトラウマになっていて、今でも取材を受ける機会がありますが、慎重になってしまうのが本音です。

たとえば、記者連中なんかレースに乗ったこともないのに「出遅れが痛かったですか？」なんて平気で聞いてくるわけです。「馬にもスタートが速い、遅いと個々それぞれなんだから、それを見た目だけで騎手のせいにする取材を決行してくる時点で素人なんだよ！」って、俺は言ってやったけどね。

ゲートの中で暴れて出遅れになるならまだしも、遅い馬もいるんだからね。競馬ファンの方にもわかっていただきたい。

なんか記者の悪口ばかり言っているように聞こえるけど、仲のいい記者なんかは厩舎まわりをして騎乗馬を集めてくれたり、情報をくれたりするので、ありがたい方もいましたけどね。

その進化したものが〝エージェント〟ってことになります。芸能界ならマネージャーみたいなものかな。

俺が若い頃は一軒一軒厩舎をまわり、挨拶をして騎乗馬を集めるのも大変な時代だった。それを考えると今はエージェントもいて、身のまわりの世話をしてくれるバレットもいる。楽な時代になったもんだと思うね。思い返せば、昔の競馬界のほうが楽しかったよ。やり甲斐もあったし、より達成感もあったからね。

今は外国人や地方競馬から移籍してきた騎手にすべて持っていかれている。正直、今の中央競馬は見ていて楽しくないね。

牝馬3冠・アーモンドアイは本当に強い

記者の問題に戻りますが、とりあえず好き嫌いは別にして、競馬記者やトラックマンはいなければいけない存在なのは事実ですわ。競馬新聞もつくってもらわないといけないしね。でも、関係者には節度だけは守ってほしいね。勝負の世界、勝っても負けてもコメントしないといけないし、結構しんどいですよ。

話は変わり、まだまだＧⅠシリーズ真っただ中ですが、やはり２０１８年もっとも活躍が目立ったのは、史上５頭目となる牝馬３冠を達成したアーモンドアイですね。前にも紹介したと思いますが、母親が俺も乗っていたフサイチパンドラということで、うれしさも倍増です。３冠もすごいけど、もし彼女が凱旋門賞に出走していたなら、ハンデ53㌔で出られるので勝てた可能性があったんじゃないかなと思うくらい強い馬だね。

強い馬ほど力以上に走ってしまい、故障するリスクが高いので、今後も順調に、そして無事に、王道を歩んでほしいです。

引退してからの月日のほうが早く感じるのは、やはり歳なんですかね。年号も変わり、俺を含む昭和チームは３世代生きることになります。昭和生まれで独身の方は平成のうちに結婚しないと、若者たちに〝平成ジャンプ！〟と言われるらしいですよ。

藤田さんの原稿はすべて手書き。パソコンを使わず専用の原稿用紙に執筆

特別対談3

松本好雄

「メイショウ」オーナー

っかり覚えている

松本　伸ちゃん、元気やったかい？

藤田　松本会長、お久しぶりです。どこかで松本会長にお会いして、「いきなり騎手をやめて申し訳ございませんでした」と謝りたいと思っていました。今回の対談は感謝しかないです。

松本　急に引退したときは本当に驚いたよ。伸ちゃんが来てくれるということで、楽しみに待っとった。

藤田　ありがとうございます。僕は、松本会長の馬には、ポイント、ポイントでしか乗れていなかったので……。

松本　痛恨の2着は、今でもしっかり覚えていますよ（笑）

――２００８年のGI・ジャパンカップダートのメイショウトウコンですね。

松本　屈腱炎から復帰したカネヒキリにやられてしまった。

藤田　管理する調教師の安田伊佐夫先生は、乗り方の指示を出さない人で、レース前に「好きなように乗ってこい」と言われました。最後方を追走して3、4コーナーで手が動くのはいつものこと。内をさばいてくるほど器用な馬ではないので、自信を持って外にまわしたのですが……。

松本　トウコンが直線、一番いい脚を使っていました。惜しいレースやった。でも、ホッカイドウ競馬の重賞・ブリーダーズカップ（２００８年）は伸ちゃんに勝たせてもらった。

藤田　レースがあった旭川競馬場は、ナイター照明も暗くて……。携帯電話の電波も通じませんでした。

松本　私にとって、このレースは印象深

痛恨の2着は、し

くて。河っちゃん（河内洋調教師）が乗ったメイショウアムールが2勝しているんです。3回出走して、私は負けたときにだけ見に行った（笑）。競馬実況でおなじみの元関西テレビアナウンサーの杉本清さんと一緒でした。

藤田　杉本さんは、おいくつになられますか？

松本　私と一緒の81歳。

藤田　松本会長もそうですが、元気ですよね。杉本さんは、鈴木淑子さんと一緒にテレビに出たりしていますよね。

松本　この前、社台ファーム代表の吉田照哉さんと、グリーンチャンネルの企画で対談をしました。そのときの司会が淑子さんでした。

藤田　「うちで馬を買ってください」と言われませんでした？

松本　それはないけど、2人で一頭持ちましょうということになりました。河内厩舎に所属します。河っちゃんがわざわざ、千葉のセリに行ってくれて、購入しました。

（まつもと・よしお）1938年、兵庫県明石市生まれ。74年にJRA馬主に登録。2001年にメイショウドトウが宝塚記念に勝利し、初のGIタイトルを獲得。その後、日本ダービーを含むGI・4勝をあげたメイショウサムソンを筆頭に、メイショウボーラー、メイショウマンボなどのGI馬を送り出している。これまで所有した馬は約5000頭。09年、日本馬主協会連合会会長に就任し、現在は名誉会長。JRA運営審議会委員やJRA馬主相互会会長などの公職も務める。本業の「きしろ」は1915年（大正4年）の創業。船舶やエネルギー関連の大型鋳鍛鋼品の切削加工などを手がける。近年では航空機の後輪の軸「降着装置」やジェットエンジン部品の加工もおこなっている。

藤田　２００４年、メイショウバトラーで小倉大賞典を勝たせていただきました。

松本　たしか距離は１８００メートルだったよね。スタートしたら「ハナ（先頭）を切るんかい」と驚いた。

藤田　ハンデ戦で斤量51キロ。ハナに行ったら絶対勝てると思っていました。

松本　結果は逃げ切りで楽勝やった。バトラーは伸ちゃんの前に哲っちゃん（佐藤哲三元騎手）が乗ってて、その後は武豊が乗ってくれたんかな。

藤田　そうですね。ダートに戻って重賞もたくさん勝ちました。一番いいところを持っていたのは豊さんです（笑）。哲っちゃんとも、春秋のＧＩシリーズ前に、競馬雑誌で対談しています。

松本　バトラーは重賞を10勝もしているんですよ。

けば絶対に勝てる

松本さんの競馬への熱き思いに耳を傾ける藤田さん

藤田　記念すべきＪＲＡ全場重賞制覇を松本会長の馬で達成できました。うれしかったですね。

松本　伸ちゃんが来るというから調べて

みたんです。メイショウの馬に170回くらい騎乗して、20勝してくれていますわ。2着も19回、3着は17回ある。馬券に絡んでいる率は、けっこうなものだよ。

藤田　ありがとうございます。最後に松本会長の馬で勝ったのは、白井寿昭先生が管理していたメイショウヤタロウ（2014年、錦ステークス）でした。

藤田　ところで、松本会長は、これまでに何勝しているんですか？

松本　伸ちゃんの1918勝には及ばないけど、1600勝くらいかな。

――個人の馬主ではダントツですか。

松本　僕に続く「エイシン」の平井豊光さんが1300勝くらいですね。個人では一番多いんじゃないかな。

藤田　松本会長の馬は、すべて日高の馬

ハナ（先頭）に行

です。こだわってくれる一番の理由を教えてください。

松本　今では結果論かもしれませんが、競馬というのは、多くの人がたくさん携わるじゃないですか。日高の方は人と人のふれあいが非常に濃いんですね。馬の誕生からデビューまでの過程がわかるし、楽しめます。

藤田　僕も日高管内新冠町の生まれで、小学校を卒業するまで住んでいました。牧場の息子とかもみんな同級生で、周りに馬がいるのが当たり前の環境で育ちました。ギスギスしていないし、お互いに助け合っています。

松本　そこに義理人情があるんですね。人と人しょっちゅう日高に行っていると、人と人のつながりがうらやましく思えたりします。

たとえば、10軒の牧場がセリに出して8軒売れたとします。売れなかった2軒はかわいそうですよね。そうした馬は、できるだけ僕が引き受けるようにしています。

私は常に会社経営と馬主の両方を考えています。騎手時代から付き合いのある調教師に「セレクトセールで好きな馬を買いなさい」とは言えません。経済的感覚が非常に強いんです。みんな一生懸命働いて、自分の会社に機械一台いれるにしても数億円かかります。ディープインパクト産駒1頭に1億円、2億円をかけることはできません。

ら謝ることができた

藤田　現役のとき、僕は競馬新聞でメイショウさんの出走馬の生産牧場を、必ずチェックしていました。「ああ、ここの牧場の馬なんや」と。印や成績より先に生産牧場に目がいく。そうした馬主さんは松本会長だけでした。

松本　この話、日高で頑張っている牧場の人たちに聞かせてあげたいわ。

——松本会長は「人がいて、馬がいて、そしてまた人がいる」を座右の銘にされています。

藤田　大々先輩の前でおこがましいですが、松本会長ほどの人格者はいないと思っています。阪神や京都競馬場でメイショウさんの馬が勝って、松本会長が下に降りてくるじゃないですか。

松本会長を見かけたら、騎手や調教師が「おめでとうございます」と声をかける。自分の馬がレースに負けているのにです。引退したから言えますが、そういうオーナーは、ほかに見たことがありません。

松本　大したことはしてないけれども。

藤田　同期の安田康彦がいたから、松本会長の馬に乗る機会が少なかったのかなと。

松本　それはあったと思いますよ。

藤田　これは初めて話すんですけど、松本会長が開く会のおかげで、僕が復活できたことがあるんです。

松本　それはなんやろ。

藤田　デビューして5、6年目の頃ですかね。松本会長主催で、調教師や騎手を呼んで年末に忘年会を開いているじゃないですか。

松本会長の前だか

僕は伊藤雄二先生とちょっと揉めていて……。白井先生も伊藤先生の意を酌んで10年くらい管理馬に乗せてもらえなかったんです。会場に行くと豊さんが伊藤先生と白井先生のちょうど真ん中に座っていました。豊さんが僕に「謝るなら今がチャンスだ。松本会長のパーティーで怒ったりしない」と。僕は2人のところに行き謝りました。

松本　その話、初めて聞きましたよ。それは良かったね。

――武騎手もなかなかのファインプレーですね。

決めるものだから

藤田　豊さんも恩人です。僕はもう引退してるから言っていいと思うけど「この馬主が嫌いだ」とかあるじゃないですか。

松本　そりゃあ、人間だからね。

藤田　松本会長みたいに「騎手は誰でもいいよ」っていうのがすごいなと。若い子にもたくさんチャンスを与えてくれていました。そんな松本会長の前なら、僕も素直に先生たちに謝りにいけると思ったんです。その後、伊藤先生、白井先生も、引退するまで乗せてくれました。あの忘年会がなかったら、僕はここまでの成績をあげられなかったと思っています。

――メイショウサムソンが日本ダービーを勝ったときのレースは、一緒に乗ってましたか？

藤田　乗っていましたね。京都新聞杯を勝ったトーホウアランです。メイショウサムソンのダービー制覇は本当にうれしかったですよ。主戦騎手の石橋守さんは、僕の直系の兄弟子です。デビューしたときは豊さんも独身ですし、いつも3人でつるんでいました。

松本　飲兵衛《のんべえ》ばっかりや（笑）

藤田　僕もデビューしたてですし、3人でダービージョッキーになれたらいいなって話していました。そうしたら、僕がフサイチコンコルドで一番先に勝っちゃって。デビュー6年目の年でした。

松本　そのレースの3着はメイショウジエニエやった。あのレースは、河っちゃんのファインプレーですわ。外枠ひいちゃってね。ゴール前、ギリギリで内を突いて追い込んできた。その前の皐月賞は運が悪く

て、いい脚であがっていこうと思ったら前が壁になったけど、ダービーではいいレースをしてくれました。

藤田　勝てるときは自然と前が空くんです。第2コーナーを曲がったら豊さんのダンスインザダークが前にいたから、ついていこうと思いました。すると直線で前が空いて、気づいたら勝っちゃった。当時、ダンスインザダークを管理する橋口弘次郎先生が「悲願のダービートレーナーか」と話題になっていました。僕が勝ってしまって、その後、4、5年の間、橋口先生の馬に乗

乗り役は調教師が

らせてもらえませんでした。

——河内騎手も2000年にアグネスフライトでダービーを勝ちました。

藤田　騎手としては、デビューから河内さんに憧れていました。河内さんは体格的に似ていて、いつもお手本にしてたんです。調整ルームでお酒を飲む相手も河内さんでした。僕がダービーを勝った2年後、豊さんがスペシャルウィークで勝利。石橋さんが一番喜んでくれていましたね。

——メイショウサムソンでダービーを迎えるとき、どんな心境でしたか。

松本　地に足がついてないという感じでした。日高に「GI神社」と呼んでいる場所があるんです。以前、そこへお参りして帰ると、メイショウボーラーでGIを勝つことができて。げんを担いで神社に参拝し

藤田さんの引退後、2人は初めて再会を果たした

て、土曜日に東京競馬場に入ったんです。元騎手の岡部幸雄さんがテレビで解説をしていました。あの岡部さんですら、ダービーに27回乗って、1回しか勝てていない。

藤田　三冠馬・シンボリルドルフですね。

松本　岡部さんは「ダービーは本当に難しいもんです」とおっしゃってるわけです。守ちゃんはダービーに乗るのが初めて。それを聞いて「これは無理かな」と思いました。その晩、太（小島太調教師）がご飯に誘ってくれて、こう私に言うのです。

武豊騎手のひと言

「会長、ダービーで1着をとるより、1番人気でレースに送り出せることが馬主の誉です」と。日高からサムソンの生産牧場関係者とか、100人近く競馬場に招待していますから。なんともいえないプレッシャーを感じていました。

藤田　ダービーのサムソンは強かったですよ。最後の直線は、石橋さんと柴田善臣さんの同期での一騎打ちでした。善臣さんを交わした後、石橋さんが手綱を緩めるくらい余裕がありました。

松本　だからゴール前、どんな写真を見てもサムソンと善臣の馬が写っとる（笑）。豊はいまでも冗談で「会長、僕やったら3馬身半離してましたよ」と。

藤田　サムソンが皐月賞を勝った後、石橋さんはすごく緊張していました。声をかけにくい雰囲気でした。翌週に3人ともダービージョッキーになったので、飲みに行ったのを覚えています。

松本　ダービーが終了してすぐ、100人近い人たちと一緒に新幹線で明石に移動しました。新幹線の車内、そして、祝勝会の盛り上がりは一生忘れられません。守ちゃんがよく言うんです。「なんで僕にダービーに乗せてくれたのでしょうか？」と。皐月賞勝ってもダービーは絶対乗り替わりだと思っていたらしいんです。誰もそんなこと考えてなかったのに。伸ちゃんは特別模範騎手賞を2回取っている。そんな騎手は、ほかに誰もいない。

藤田　模範とされるのは競馬だけで、私

ダービー制覇で

生活は全然です。

松本　伸ちゃんと競馬会（ＪＲＡ）はなぜ合わなくなったの？

藤田　言うことをなかなか聞いてくれないというか……。

松本　それは、調教師にも責任があると思います。調教師が「騎手のみなさんはこう言ってます」と代弁してあげないと。乗り役さんからはなかなか言いにくいし、そうした意見を集約して競馬会に伝える。

藤田　調教師に関していえば、騎手より年下になってくる点も問題です。調教師は若い子を乗せて失敗したら怒りたい。年上の騎手が失敗して戻ってきて「ごめんね」と謝られたら怒れない。四位洋文や蛯名正義さんの乗る馬が少なくなっている理由だと思います。

会〟だった競馬会

——外国人騎手の台頭については、どのように感じていますか。

松本　騎手はすべて調教師にお任せです。私は頼んでいないですが、メイショウの馬に1、2回、外国人騎手が乗ったことがあるようです。競馬はロマンですからね。その馬の血統背景は非常に大きいんです。これまでの歴史も含めてです。そういうのに携わった人たちを全然関係なしに、外国人ジョッキーがいきなりパッと乗ってしまうのは、あんまり面白くないんじゃないかなと。私の個人的な意見として、そんな気がしています。

藤田　騎手も昔は「この馬にはこの騎手」というような感じで切磋琢磨していました。たとえば、テイエムオペラオーは和田竜二、ナリタトップロードは渡辺薫彦、メイショウドトウは安田康彦、という形で常に戦っていました。

松本　今だったら、デムーロ、ルメール、短期免許の外国人騎手が、入れ替り立ち替り有力馬に乗っています。

藤田　大手の馬主が外国人騎手の身元引受人になって面倒を見ているぶん、やはり質の良い馬が集まります。つかまっていれば勝てるような馬ばかりに乗っている。勝って当たり前なのに称賛されています。

松本　でも、ルメールが乗って単勝1倍台。これだけは買ったらいかんと思いながも私は買ってしまう。せいぜい3連単の3着付けとかにしますけど。やはり馬券は当たらんと困りますから（笑）

藤田　松本会長は、そんなに馬券を買われるんですか？

松本　山盛りやります。

藤田　僕も引退して買えるようになりました。最近は、けっこう当たっています。

松本　伸ちゃんは乗り手として上手だった。賛否両論で評価もいろいろあったけど、そのくらい値打ちのある素晴らしい乗り役さんでした。それは、みんなが認めていること。一方で頑固というか、義理人情を大切にする日本人らしい一面も持っていた。それを良しとしない人たちもいたよね。潔い引き方をしたんじゃないかなと私は思っています。

いい意味での〝縦社

藤田　競馬会には、いい意味での〝縦社会〟という面がありました。騎手と調教師、先輩後輩という中に外国人騎手が入ってきて、関係性が「なぁなぁ」になっている気がします。調教師や馬主さんが松本会長のように、日本人騎手を応援、育てたいという気持ちがあるのか。人間関係が平べったく感じてきました。競馬会に僕の好きだった昔風情の縦社会が薄れてきたんです。

松本　私も馬券は好きだったけど、競馬のそうした人間関係に惹かれたわけです。古い人間かもしれませんが、これからも私はそういう部分を大切にしていきたい。

藤田　僕は競馬会についていけなくなりました。競馬ファンも成績が下がってきたら、落ちぶれたとか言います。ルメールが乗っている馬に僕が1年間乗ったら、同じ成績を残せる自信があります。年間200勝していた豊さんが100勝もできない。「武豊はもうダメだ」という話になるけど、腕も確かだし、実際はそうではないんです。

松本　私たちはわかっていますよ。

藤田　あのとき引退せず何年か乗り続けて自分の環境がそういうふうになり、落ちぶれたと言われるのが嫌でした。

――今の若い騎手の意識も変わってきいますか？

藤田　若手といえば、今話題の（藤田）菜七子ちゃん。僕の息子と同じ歳です。女性騎手が斤量3キロの減量ハンデになりますよね。勝負の世界、同じ土俵なんだから、僕はいらないと思っています。

松本　実は私の発案なんですよ。

藤田　そうなんですか。競馬界を盛り上

度は私も大賛成

げるためにですか？

松本　そう。じゃないと女性騎手はなかなか現れないし、頑張れない。私が2年間言い続けて、豊が運営審議委員に日本騎手クラブ会長として出席した。豊に言ったんですよ。「諸外国でも女性騎手の減量を取り入れている。どうだ？」と。豊も「いいですよ」となって、2人で進言しました。

藤田　松本会長と豊さんが言ったら、さすがに競馬会も嫌とは言えないですよね。僕が現役のとき、どのように乗ったのかが

大切でした。ファンが「これで負けたら仕方ない」と笑顔で馬券をゴミ箱に捨てられるのか。それとも、なんだよって怒ってしまうのか。見ている人が納得できるレースを心がけていました。何着だろうが「このレースで負けたなら仕方ない」と、関係者に言われるのが騎手冥利につきます。一番の褒め言葉でした。

松本　馬主はなんか騎手に言いたいんですよ。自分の馬が勝つことが一番だけど、僕みたいに長くやっていると伸ちゃんの言っていることはわかる。人気でこっちも期待しているけど内枠を引いてしまった。案の定、直線で前が詰まってしまった。「あの場面では出られない」とあきらめもつく。だから笑いながら馬券も捨てられます。

藤田　レースでは8着まで賞金が入ります。レースから帰ってきて厩務員さんが、「7、8、9着のせめぎ合いの中、追ってきてくれた。少しでも賞金を加算してくれて、人気より頑張ってくれたね」と言われるのが、うれしかったです。

女性騎手減量制

松本　馬主を長くやっていると、一生懸命さが伝わってくるんですよね。着順がかかっているのかなと思うくらい、最後の最後まで頑張って馬を追ってくれています。

藤田　厩務員さんは調教師よりも多く担当馬と接しています。自分の子どもより顔

を合わせています。

松本　厩務員は一生に何頭かしか担当しませんから。担当馬はわが子のようにかわいい。大変な仕事ですよ。

藤田　一番近くで面倒をみてる厩務員さんから「ありがとう」と言ってくれるのが励みになりました。レースから戻ってきて、そこのコミュニケーションを一番大事にしていました。厩務員さんが笑顔で「また頼むなぁ～」と言って、馬を引っ張って戻る後ろ姿が好きでした。

松本　いい話ですね。

く後ろ姿が好き

藤田　今の若い騎手にこれだけは伝えたい。原点を大切に厩務員さんに可愛がられる騎手になったほうがいいと。今はエージェントがついているので、なかなか馬が回ってこなくなっていますが……。

松本　私もエージェント制度はずっと反対の立場です。おそらく騎手も楽なんでしょうね。騎乗依頼が多くあって、忙しい人がいますよね。そういう騎手はまだわかりますが、ちょっと乗れるようになったら、エージェントがついているのが現状です。

藤田　僕は丸5年厩舎に所属していました。毎週金曜日、一軒一軒厩舎を訪問して、勝負服を取りに行っていました。そして、次の週の火曜日に「ありがとうございました」と勝負服を返しました。自分を自分で売り込みにいく時代で育ってきたと思います。今の若手騎手はデビューした時からエージェントがついていることもあります。だからミスをしても謝ることを知らないし、エージェントが代わりに謝ってくれます。競馬場でたまたま会ったら「この間はすみませんでした」という感じです。まず最初に厩務員さんに「失敗してすみませんでした」「ありがとうございました」「あれから馬の具合どうですか」と聞かないと。

松本　伸ちゃんの言う通りかもしれませんね。

――2019年春のGI戦線では、直線での斜行が目立ち、物議を醸しました。

藤田　騎手同士は「やった、やられた。この野郎！」ってなります。オーナーによってはレース後、「なんで審議にならないんだ」って、血相を変えて馬主席から降り

厩務員が馬を引

てくる方もいます。

松本　審議・降着問題に対して、私の気持ちはあっさりしていて、怒りはありません。競馬はそういうものですから。今の降着制度は、馬券対象になるかならないかで変わってくるんです。この馬に不利がなければ、という視点です。

藤田　スタートで邪魔されたら、騎手からしたらすごい痛手ですよね。とりたいポジションもとれなくなりますから。香港競馬は意外と厳しいんです。5着までしか賞金はないんですけど、あるレースで僕は鼻

差で6着だったんです。レース後、「最後まで追わず、ゴールする前にお尻をあげている」と指摘されました。それを認めないなら「半年間騎乗停止だ」って言われて。100個くらいあるモニター画面を見せられて、その中に角度によってはゴール前のように見えるのもありました。通訳に「認めたほうがいい」と言われ、過怠金60万円を支払いました。

――JRAで一番大きな過怠金は10万円です。

藤田　松本会長は、過怠金はどこにいっているのか知っていますか？

松本　競馬会の「雑収入」でしょうね。

藤田　徴収したお金で、裁決委員がどんちゃん騒ぎしてるんじゃないかなって（笑）

松本　いやいや、それはないと思うけど。

過怠金はどこへ

今度、競馬会の運営審議委員会で聞いてみます。

藤田　裁決委員から騎手にはまったく説明がないんですよ。

松本　私は調教師が過怠金を支払わないといけないケースも、あるんじゃないかなと思っています。調教が悪くて、斜行してしまったりね。走り方がいかにも調教が足りないとか。すべてを騎手のせいにするのは、かわいそうかな。

藤田　新馬戦とか、まだ使える感じじゃないのに走らせていることもあります。

松本　調教師もプロだし、調教料をもらっているわけだから、改善していく部分かもしれません。

――久しぶりに藤田さんにお会いして、いかがですか。

松本　伸ちゃんは引退して丸くなったね。話しっぷりを見ても、言葉もちゃんと選んでる。こんな言い方は失礼だけど、あんだけトガっていた子が、こんなに成長して。

藤田　引退してから気づかされることがたくさんあります。いろいろなジャンルの方にお会いして、僕はただただ競馬村の中で、甘やかされ、囲われて育ったんだなと。世間知らずだったと痛感させられました。

松本　確かに競馬界の人たちは世間知らずなのかもしれない。

藤田　携帯の電話帳の件数が現役から比べると3倍くらい増えました。まだまだ自分自身に足りない部分が多いと思うから、日々勉強中です。こうやって雑誌でコラムを書かせてもらうことも難しいですし。引退した後に松本会長に会えて本当にうれしいです。

松本　伸ちゃん、現役時代よりいい顔しとるよ。

騎手から徴収した

あとがき

本書は、地元・北海道の月刊誌『財界さっぽろ』さんの全面協力のもと、約3年にわたって連載してきた「騎手 藤田伸二〝生涯、やんちゃ主義〟」を1冊にまとめたものです。連載はコラムを書くだけではなく、ときに対談があったり、読者からの質問に答える回があったりと、自分自身も楽しみながら現在も続けさせてもらっています。

早いもので騎手を引退して4年になろうとしていますが、この本を読み返すと「現役のときの俺は、なんて世間知らずだったんだ！」と思いしらされます。〝競馬村〟という小さな箱の中で、本当に甘やかされて、ヤンチャして、天狗になっていたんだなぁと実感します。

競馬界を離れたこの4年、違う世界で活躍されている諸先輩方のお話は、俺が今後生きていく上で大きな刺激となり、本当に勉強になりました。そんなみなさんと出会えたこと、あらためて感謝いたします。

明らかに、騎手のときより友人や仲間、お偉いさんの方々（笑）の知り合いが増えました。今では自分の財産になっています。なにせ自分の携帯電話の連絡先登録件数が、騎手時代より軽く3倍になっているのが驚きです。スゴイことですよ！

今は昼夜逆転の生活リズム……。自分の気持ちの中では、還暦まで生きられたら御の字だと思っています。それまでの間、人生を正しく、楽しく、過ごしたいですね。

経営しているバーやスナックでも、日々あらたな出会いがあります。ツイッターなどで多くの方々とも知り合えます。そして、友人である小田島功くんとのＹｏｕＴｕｂｅ（イサオと藤田兄貴の生配信）も好評で、毎回観てくれているみなさんから元気をもらっています。人は、ひとりじゃなにもできず、無力です。人とのつながり、そのありがたみを、50歳を目前にして痛感している毎日です。

結びに、今回の単行本出版のために、漫画『北斗の拳』の原作者・武論尊さん、「メイショウ」のオーナー・松本好雄会長との対談が実現しました。2人とも、俺の若いときからのことを知る大先輩です。本書発刊に花を添えていただき、この場をお借りして感謝申し上げます。

最後まで読んでくれてありがとうございました。

これからも、とにかく「出逢い」を大切に生きていきます。この機会をつくってくれた財界さっぽろさんに感謝しつつ、これまで俺の人生にかかわりをもってくれたすべての方々に心より感謝を申し上げ、あとがきとさせていただきます。

令和元年7月

藤田　伸二

藤田 伸二（ふじた・しんじ）
1972年、日高管内新冠町生まれ。1989年にJRA競馬学校に入学。1991年にデビューし、JRA賞（最多勝利新人騎手）受賞。1996年、24歳という若さで、フサイチコンコルドで日本ダービーを制覇。その後、シルクジャスティスやローレルゲレイロ、ヒルノダムール、トランセンドなどのＧⅠ馬の主戦を務めた。デビュー以来、21年連続重賞勝利を記録。JRA通算勝利は歴代9位の1918勝。そのうち重賞93勝で、ＧⅠは17勝（地方交流含む）。年間の特別模範騎手賞を２回、フェアプレー賞を19回受賞。いずれも歴代１位。2015年９月の現役引退後は札幌・ススキノに「bar favori」をオープン。著書は『騎手の一分』（講談社刊）など多数。

元騎手 藤田伸二
〝生涯、やんちゃ主義〟

2019年７月20日　初版第１刷発行

著　者　藤田 伸二
発行者　舟本 秀男
発行所　株式会社 財界さっぽろ
〒064-8550　札幌市中央区南９条西１丁目 1-15
電話　011-521-5151（代表）
ホームページ　http://www.zaikaisapporo.co.jp
印刷所　大日本印刷株式会社

ISBN 978-4-87933-527-2